KB044013

음악으로 세상을 유익하게 만드는 남자

양현석 리더십

이영호 지음

청소년 멘토 시리즈

Yang Hyunsuk
YANG HYUN SUK

너답게 유쾌하게 즐겨라
Enjoy yourself as you are

머리말

양현석 그리고 YG엔터테인먼트에 관한 이야기

압구정동 현대아파트 맞은편에 선배가 새로 문을 연 곱창집에 들렀던 어느 날, 처음 만나 뵌 박봄의 아버님에 대한 첫인상을 기억하면서 이 책에 담을 이야기를 쓸 채비를 시작했다. 온화한 미소, 사람 좋으신 목소리와 인상, 대화를 유쾌하게 만들어주시는 능력 등, 함께 자리한 시각부터 어떻게 시간이 흘렀는지 모르게 알록달록하게 만들어지던 공간에 대한 기억들이 떠올랐다. 첫 만남을 거쳐 이따금 뵐 때마다 우연히 듣게 되는 YG의 이야기에 때로는 감탄하며, 때로는 고개를 끄덕이게 된 지 얼마나 오랜 시간이 지났는지 모른다.

YG 그리고 양현석에 대한 이야기의 서두를 어떻게 시작할까 생각하던 중, 불현듯 또는 아련하게 떠오른 또 다른 기억은 청담동 골프연습장 바로 옆 작은 음식점에서 만나 뵙던 최본 대표님과 고청산 형님에게 듣던 양현석에 대한 이야기도 있었다. 그러나 여기서부터 그분들이 들려준 이야기는 YG와 그 이후의 양현석에 대한 이야기 위주였다. 그렇게 시간이 흘러 이야기의 마무리가 완성될 즈음에 이르렀다.

모아온 기억의 조각들을 이야기로 정리하면서 그동안 만남을 가져왔던 각 방송국 PD들과 방송작가들, 신문사와 방송국 기자들에게 듣던 양현석과 YG에 대한 기억들도 새록새록 떠올랐다. 가수 싸이에 대한 이야기를 해주던 가수 조정현님과의 정겹던 술자리도 기억났다. 이 안에 담긴 이야기는 아주 오래전이라면 2003년이고 가장 최근이라면 지난 주가 될 수도 있는 이야기들이 하나의 공간에 글로 모여서 정리할 수 있었다.

이 안에 기록된 기억들은, 1992년 '서태지와 아이들'에 있던 양현석이 꼬박 10년째인 2002년 YG의 최초 여성 그룹 '스위티'를 데뷔시키고, M.BOAT와 손잡으며 휘성, 거미, 빅마마, 원티드를 데뷔시킨 것부터, 시간이 흘러 2011년 11월 23일 코스닥시장에 정문으로 입성한 이후에 이듬해 서태지와 아이들 데뷔부터 정확히 20년째인 2012년에 싸이의 '강남스타일'을 론칭하기까지, 그리고 10년 단위로 벌어지는 그의 이벤트에서 2022년을 향하는 행보를 바라보는 이야기들이다.

서태지와 아이들에 필요한 일이라면 스스로 기타를 배우고 드럼을 쳤으며, 작곡을 하기 위해 화성학을 배우며 미디 음악에 열중하고, 패션 스타일링과 안무를 짰던 양현석이 지금은 YG에 필요한 일이기에 영어를 배우고, 작곡을 배우고, 방송에 나서며 기꺼이 제일 잘하는 사람에게 일을 맡기는 리더의 자리에 서게 된 이야기다.

　내가 이토록 YG와 양현석이란 사람과 가깝게 있었던가?

　이야기의 말미를 정리하면서 갖게 된 생각이었다. 알게 모르게 나 역시 YG와 양현석의 이야기를 전해 들으며, 그들에게 응원의 마음을 보내고 있었다는 느낌을 확인하게 되었다. 지인들로부터 듣는 이야기 중간에 나 역시 아는 이야기, 듣던 이야기를 보탤 수 있었기 때문이다.

　그래서일까? 좋은 노래를 들으면 머리카락이 쭈뼛 서고 온몸에 소름이 돋듯이 YG에서 만드는 음악을 들으면 행복해진다. 비단, 필자뿐만은 아닌 게 분명했다. 여기까지 글을 담아 오면서 만나고 대화한 모든 분들의 공통된 이야기였다.

　언젠가 그렇게 멀지 않은 기억이 있다. 고등학교를 다닐 때 세계적인 팝가수가 되겠다고 학교를 무단결석하고 작곡 공부를 위해 음악책을 들고 용산도서관으로 간 적이 있다. 그룹 명은 '라이징 선Rising Sun'이라는 떠오르는 태양이었다. 수업 시간 음악 교과서에 팝 밴드를 그리는 나를 본 친구가 '넌 팝가수가 될 거야!'라는 말만 없었어도 저지르지 않았을 무모한 시도였지만 말이다. 고등학교 음악책을 들고 무슨 작곡 공부를 하겠다고 나서다니?

그런 기억, 필자의 무모한 계획은 단 이틀 만에 발각되었다. '게다가 넌 선도부잖아!'라는 현실 인식 부여와 함께 교무실 앞 복도에 세워진 상태로 애정이 어린 입식 곤장을 선사 받고 나서부터 교과서를 파고드는 생활을 이어가게 되었다. 어쨌든 무모함으로 끝나 버렸지만 최소한 시도는 해봤다는 경험을 바탕으로, 당시 세상에 울려 퍼졌던 '난 알아요'부터 환상 속에 그대, 하여가, 발해를 꿈꾸며, 교실이데아 등, 서태지와 아이들로부터 얻은 자유로움과 함께 세상에 외치던 기억 모두를 양현석의 입장에서 담아 보려고 했다. 최소한 나는 양현석이 만든 문화를 즐기던 사람, 그보다 나이 어린 사람이었기에 가능했다고 여긴다.

서태지와 아이들이 세상을 휘저어 놓을 당시 그들보단 연배가 어리지만 동시대를, 그들이 만든 문화 속에서 누리던 필자이기에 그때 이야기를 쓴다는 기회가 기쁨으로 다가온 것도 사실이었다.

그리고 이번 기회를 통해 YG와 양현석에 대해 다시 기억하는 계기가 된 것은 큰 수확이었다. 최소한 이 책은 서태지와 아이들을 알고, 그들처럼 음악에 미쳤던 사람이 쓴 책이라는 점, 드라마 OST 작사를 해보고, 케이팝을 직접 작곡해 보며 온라인 음원 사이트에 음원을 올려 판매해본 사람이란 점, 현재도 여러 스타들과 만나며 가수들과 어울리면서 연예계에 발을 담그고 있는 사람이 글쓴이라는 점에서 최소한 허무맹랑한 이야기가 아니기 때문이다.

YG에 들어가고 싶은 가수 지망생들이라면, 서태지와 아이들을 기억하고 양현석을 기억한다면, 이 책이 기억하고 싶은 추억을 만들어 주고, 알고자 하는 정보를 줄 것으로 믿어 의심치 않는다. TV와 매스컴을 통해 소개된 양현석 이야기 외에도 실력파 아티스트를 고르는 양현석의 기준을 소개하면서 자기 절제와 관리에 치밀한 양현석에 대한 이야기를 담았기 때문이며, 무엇보다도 YG에 들어가고 싶어 하는 가수 지망생과 지금 이 시각에도 남모를 연습에 매진하며 소중한 땀을 흘리기에 여념이 없을 세상의 모든 아티스트들을 위해 어떤 사람이 좋은 아티스트인지에 대한 양현석의 생각을 소개하고자 했으니까 말이다.

본문 내용도 난해한 설명보다는 빅뱅과 투애니원이 어떻게 YG와 만났고, 양현석이 그들을 선택한 이유와 그들이 한국 가요사에서 펼치는 무대 이야기를 통해 양현석이 걸어온 길과 앞으로 걸어갈 길, 그리고 YG에서 찾는 스타와 YG로 들어가는 스타 이야기 위주로 기억을 이야기했다. 그리고 양현석이 기존 매체 등의 인터뷰에서 밝힌 자신의 이야기와 양현석 주변 사람들의 이야기, 박진영 또는 양현석과 관계자들의 이야기와 기록들은 이 안에서 이야기를 하면서 대화에 맞게 써졌음을 밝힌다.

　　그래서 기억과 기록을 마무리하는 지금의 이 문장에서도 독자들을 위해 최선을 다했다는 자부심을 갖게 된다. 가수 지망생들과 유명 가수들, 서태지와 아이들을 기억하는 모든 사람들에게 과거 속으로 떠나는 여행이 될 수도 있고, 현재에서 각자의 꿈을 실현할 수 있는 가이드가 될 수도 있다고 여긴다. 선택은 오로지 독자 자신에게 달렸다.

이 영 호

목차 CONTENTS

양현석 yang hyun suk

출생 : 1969년 12월 02일

거주지 : 서울

데뷔 : 1992년 서태지와 아이들 1집 앨범 '난 알아요'

소속 : YG엔터테인먼트 대표

웹사이트 : http://www.ygfamily.com/

음악으로 세상을 유익하게 만드는 남자

양현석 리더십

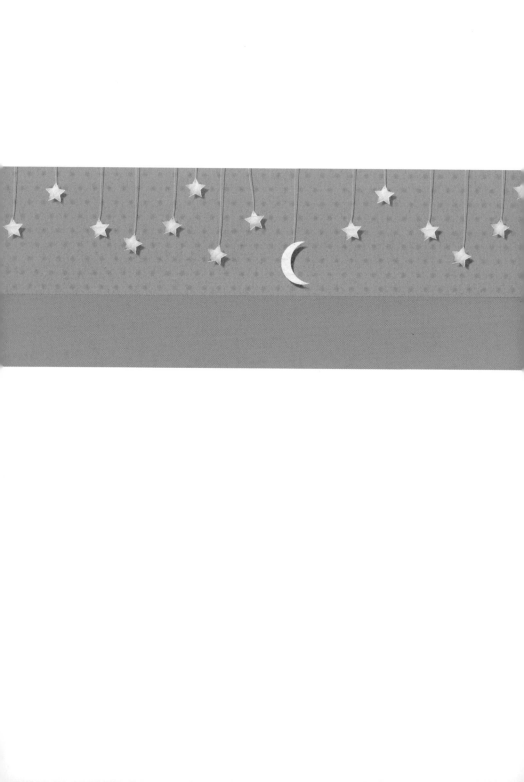

01

양현석의 인생 이야기

01 춤을 배우고 싶어요!

"제가 어렸을 때부터 좀 영악한 면이 있어요. 하고 싶다고 생각한 건 반드시 해내고야 마는 오기가 있거든요. 그래서 배우고 싶은 게 생기면 그걸 무슨 수를 써도 배워야 한다고 여겨요."

양현석이 다니던 중동중학교 2학년 시절, 소풍을 가서 친구가 장기자랑으로 선보인 로봇 춤을 본 양현석이 떠올린 기억이다. 당시 가정 형편이 풍족하진 않았던 소년 양현석은 잘사는 친구들에게 갖는 부러움이나 질투심 같은 감정이 없진 않았는데, 마침 잘사는 친구가 소풍에서 선보인 로봇 춤_{브레이크 댄스}이 양현석의 눈에 들어왔다.

어린 양현석의 눈에도 그 친구가 잘 추는 춤은 아니었다. 하지만 양현석은 '이게 뭐지?' 하며 엄청난 충격에 휩싸였다. 양현석의 감성을 건드린 건 친구의 멋진 춤이 아니라 '새로운 춤'이었다. 양현석이 모르던 '춤'이기도 했다. 양현석이 태어나서 처음 겪게 되는 감동이었다. 양현석의 안에 잠자던 본능을 일깨운 순간이기도 했다.

소풍에서 돌아온 뒤에도 양현석은 그 친구의 춤을 잊을 수가 없었다. 그 다음 날 '춤을 배워야 되겠다.'라고 마음먹은 후에는 그 친구와 친해지기 위해 다가갔다. 친구에게 김밥이나 떡볶이, 햄버거를 사주며 양현석은 춤에 대해 물어보곤 했다. 그 춤이 무슨 춤인지 자신에게도 가르쳐 달라고 했고, 춤을 배우고 싶은 마음을 그대로 말하곤 했다.

며칠이나 지났을까? 양현석에게 두 번째 충격이 온 건 얼마 지나지 않아서였다. TV에 소개된 마이클 잭슨의 춤이 TV를 통해 양현석 눈앞에서 펼쳐졌다. 다시 한 번 양현석은 '도대체 이게 뭐야?'라는 호기심에 빠지고 더욱더 춤을 제대로 배우기 위해 열심히 노력하기 시작했다.

하지만 한계가 있었다. 이제 갓 중학생, 고등학생이었던 양현석에게 세상은 '춤'에 대해 관대하지 않았다. 주위 사람들의 걱정이 시작된 것도 이 무렵이다.

양현석처럼 당시에 춤을 좋아하던 청소년들이 춤을 추기 위해 다닐 수 있던 장소는 영등포에 ABC 나이트클럽, 원투쓰리, 종로에 국일관, 신촌이나 강남에 줄리아나, 이태원에 퍼슨person, 마돈나Madonna 정도였고, 이들 장소를 포함해서 1980년대 후반부터 1990년대 전후로 청소년들 사이에서 대유행하던 유로피언 팝european pop을 들으며 춤을 출 수 있는 곳은 동대문 실내 롤러스케이트장, 동서울 롤러스케이트장, 남영동 비둘기 롤러스케이트장 정도였다.

당대에 인기를 끌던 팝가수들로는 마이클 잭슨Michael Jackson, 마돈나Madonna, 아바ABBA, 보니 엠Boney M을 비롯해서 모던 토킹Modern Talking, 아하A ha, 런던 보이London Boy, 뉴 키즈 온 더 블락New Kids on the Block, 웸Wham 등이 있었고, 이들은 브레이크 댄스와 뉴 웨이브New Wave 음악 등을 한국 음악 팬들에게 선보이며 큰 인기를 얻었다.

이때 유행하던 춤들은 브레이크 댄스로 불리는 로봇춤부터 말춤, 토끼춤, 패션춤의 순서로 이어지며 청소년들 사이에 춤을 잘추는 사람이 최고의 인기를 얻는 스타가 되기도 했다. 청소년들 사이엔 매주 일요일이나 공휴일, 방과 후에 롤러스케이트장이나 나이트클럽에 가는 게 일이었고, 영어 가사를 한글로 적어 따라부르는 일도 유행했다.

하지만 이들 장소는 불량 청소년들이 출입하는 장소로도 알려졌었기에 나이트클럽에 다닌다거나 롤러스케이트장에 다닌다고 하면 주위 어른들의 시선이 안 좋아지기도 했다. 혈기 왕성한 청소년들이 모이기에 음주와 흡연뿐 아니라 때로는 패싸움도 일어나곤 했던 게 사실이었다.

"근데, 아마추어니까 한계가 왔어요."

양현석이 말했다. 심지어 1980년대엔 남자가 춤추는 것에 대해 관대한 시대도 아니었다. 때마침 부동산 투기 열풍이 불던 시대이기에 돈을 갑자기 벌어들인 어른들 중에는 '춤바람'이 나서 가정을 버리고 헤어지는 부부들도 사회 문제가 될 정도로 많았다. 가정주부가 남편이 출근하고 나면 시장바구니를 들고 나가서 나이트클럽에 맡겨두고 춤을 추다가 남편이 퇴근하기 전에 집으로 돌아온다는 이야기도 자주 들렸다.

아내와 남편의 춤바람 때문에 부부싸움 하는 집들도 많았고, 춤바람 난 아내의 바람기를 잡겠다며 아내의 머리카락을 남편이 가위로 바싹 잘라버린 집들도 있었다. 사회적으로는 '춤'에 대해 관대한 시대가 아니었다. 어른들 사이에서 '춤'에 대한 인식이 워낙 안 좋다 보니 그 여파가 청소년이었던 양현석에게도 고스란히 전해졌다.

그래서 양현석은 '춤'을 제대로 배울 수 있는 방법을 찾을 수 없었고, 그렇게 방황하고 속을 애태우던 어느 날은 그 스스로 하도 답답해서 전화를 걸게 된다. 특히, 양현석은 자신이 좋아하던 허비 행콕의 'Rock It'과 마이클 잭슨의 'Thriller'에 영향을 받아 흑인 음악과 힙합을 배우고 싶었는데 1980년대 무렵엔 그럴만한 장소나 가르쳐 주는 곳도 없었다.

114 상담원에게 꿈을 찾다

상담원 : 네, 고객님. 무엇을 도와드릴까요?

양현석 : 저기요, 혹시 저랑 긴 대화가 가능하신가요?

상담원 : 네, 말씀해 보세요.

양현석 : 제가 이런 상황인데, 춤을 배우고 싶어요

진실은 통했다. 양현석은 너무 답답한 자기 마음을 고스란히 114 상담원에게 말했다. 양현석의 이야기를 듣던 상담원은 춤에 관한 전화번호를 직접 찾아보고 양현석에게 말해줬다. 당시에 114 상담원이 양현석에게 알려준 곳은 볼룸 댄스를 가르치는 '대한무도협회' 전화번호였다.

사실, 무도학원이란 태권도나 쿵푸를 말하는 무도武道가 아니라 춤을 추는 무도舞蹈였고, 그 무렵 사회적으로 불륜이다 춤바람이다 안 좋은 상황의 근거지가 바로 무도학원으로 치부되기도 하던 시절이었다. 114 상담원이라고 해도 제대로 '춤'을 배울 수 있는 곳을 찾아낼 수 없던 시절의 에피소드다.

이런 사실을 잘 알 수 없었던 청소년 양현석은 114 상담원이 알려준 전화번호대로 무도학원으로 전화를 걸었다.

양현석의 이야기를 듣던 무도학원 관계자는 자신이 알고 있는 곳이 한 군데 있다며 양현석에게 전화번호를 가르쳐 주었다. 전화번호를 가르쳐준 분은 당시 무도협회 회장님이었던 것으로 기억한다. 그리하여 양현석이 찾아간 곳은 신림동의 헬스클럽이었다. 그리고 그곳에서 운영하던 청소년 브레이크 댄스팀에 합류하게 되었다. 한 달에 3만 원을 내고 드디어 그토록 원하던 춤을 배울 수 있게 된 것이다. 그곳에서 양현석은 또래 멤버를 구성해서 4명 정도로 한 팀을 이뤄 브레이크 댄스를 배울 수 있었다.

"춤을 추고 싶어서 나이트클럽에 갔어요. 그런데 이 얘기는 꼭 하고 싶었는데요, 양현석은 고삐 풀어진 망아지처럼 놀았지만 그래도 반드시 지켜야 할 선을 지켰어요."

자식 교육을 위해 고생하시는 부모님을 향한 예의이기도 했다. 양현석은 정말 춤을 배우고 싶었고, 그래서 춤을 배웠고, 춤을 출 수 있는 장소로 나이트클럽에도 갔지만, 그렇다고 해서 잘못된 곳으로 빠지는 실수를 저지르지는 않았다고 고백한다.

하지만 꿈을 계속 꾸기엔 돈이 문제였다. 1980년대 상황에서 청소년 신분으로 3만 원이란 큰돈이었다. 자장면 한 그릇에 500원 하던 시절이었는데, 시간이 흘러 1990년대 초반이 되어도 대학교 구내식당 백반 가격이 2,500원 하던 무렵이었다.

한 달에 3만 원 레슨비가 부족했던 양현석은 모아둔 세뱃돈을 쓰기도 했지만, 결국 돈이 부족해서 친동생에게 부탁해서 친동생의 세뱃돈까지 받아 춤을 배우는 레슨비로 썼다. 하지만 양현석의 꿈, '춤을 통한 성공'은 이룰 수 없던 시대였기에 중·고등학교 시절을 춤을 배우며 보낸 양현석은 졸업 후 잠시 일반 회사에 취업하게 된다. 하지만 운명은 양현석을 그대로 두지 않았다. 평범한 직장인으로 사회생활하던 양현석을 다시 지금의 무대로 불러온 계기는 우연히 양현석이 TV를 보던 중 생겼다. 양현석과 함께 댄스를 배우던 친구가 TV에 나온 걸 본 순간이었다. 양현석은 '춤을 배워도 일을 할 수 있구나' 생각하게 되었고, 춤을 추면 저렇게 방송에도 출연할 수 있는 것도 알게 되었다.

"저기요, 제 친구가 있는데요, 혹시 연락처를 알 수 있을까요?"

양현석은 친구의 연락처를 알기 위해 방송국으로 전화를 걸어 보고, 가수의 기획사 등 모든 곳에 수소문했지만 친구의 연락처를 알 수 없었다. 그러던 중 방송에 나오는 댄서들이 업소 공연도 한다는 이야기를 듣게 된 양현석은 나이트클럽 댄서에게 다시 전화를 걸어 친구 이야기를 하고 연락처를 물었다. 양현석의 두 번째 충격과 자신이 꿈꾸던 무대로 복귀하게 되는 일대 운명의 전환점이 시작된 것이다.

광명 공업고등학교를 졸업하고 건축 분야 기능사 자격으로 회사 생활을 하던 평범한 직장인이었다. 공교롭게도 그가 택한 첫 직장이 '지도 회사'인 걸 보면, 양현석은 지도를 보며 '자신이 가야 할 장소'를 생각하게 된 것은 아닐까?

어쨌든 양현석은 신림동에서 고등학생 때 같이 춤을 추던 친구들이 TV에 출연하는 걸 보고 당장 회사를 그만둔 후, 이태원에 있는 '스파크' 댄스팀에 합류하게 된다. '춤'을 직업으로 삼은 양현석의 운명이 열린 것이다.

02 서태지와 운명적인 만남

양현석이 고등학교 졸업 후에 잘 다니던 지도회사를 그만두고 곧장 이태원에서 댄스팀 '스파크' 생활을 할 때다. 신림동 댄스 클럽 생활 시절 자신과 함께 춤을 추던 친구가 TV에 출연한 모습을 보고 그 즉시 내린 결정이기도 했다. '춤' 하나만큼은 누구에게도 지고 싶지 않았던 양현석의 '오기'가 발동한 결과이기도 했다.

그렇게 댄서 생활이 시작되었다. 스파크 활동을 할 때마다 번번이 찾아오는 남자가 있었다. 그 남자 이름이 정현철이란 건 나중에 알았다. 이 남자는 나중에 서태지가 된다. 역사적인 만남, 나중에 서태지가 될 정현철이 자신을 찾아온 걸 보고도 양현석은 큰 의미를 두지 않았다. 양현석은 무대가 있는 곳이라면 오로지 춤에 집중했기에 항상 주위에 그의 춤을 보러 온 사람들이 많았다. 그래서 정현철도 그중에 한 명이겠거니 생각하던 터였다.

그러던 어느 날이다. 정현철이 양현석 앞에 나타났다. 매번 뒤에서, 주위에서 바라보기만 하던 것과 달랐다. 정현철은 양현석에게 춤을 가르쳐 달라고 했다. 그동안 혼자 연습했는데 도저히 안되겠으니 직접 가르쳐 달라고 했다.

양현석은 물론 '싫다'고 거절했다. 그런데 정현철은 집요했다. 근 한 달 내내 포기하지 않고 쫓아다니며 춤을 가르쳐달라고 했다. 양현석은 결국 정현철이 스스로 포기하게 할 목적으로 정현철에게 춤을 가르쳐 줄 테니 레슨비로 450만 원을 내라고 했다. 1992년 서태지와 아이들이 데뷔하기 전으로 1991년에 일어난 일이다.

한 가지 일을 시작하면 지독하게 집중해서 반드시 끝을 보는 성품을 지닌 건 양현석뿐만이 아니었다. 정현철 역시 그랬다. 정현철은 양현석에게 450만 원을 갖다 줬다. 그리고 드디어 첫 수업 날, 정현철은 양현석 앞에서 자신의 춤을 추면서 자신의 실력을 보이게 되었다. 양현석이 정현철의 춤 추는 수준을 보고 그 이상의 단계부터 가르쳐야 했기 때문이다.

정현철이 양현석 앞에서 춤을 보이던 날, 양현석은 충격을 받았다. 정현철이 추던 춤은 모두 양현석이 췄던 춤이었다. 나중에 양현석이 정현철에게 들은 이야기이지만, 정현철은 양현석을 오래도록 따라다니며 춤을 모두 녹화하고 혼자 거울을 보며 연습했다고 했다. 그래서인지, 정현철이 추던 춤은 양현석의 춤과 모든 동작이 거꾸로 된 상태였다. 거울을 보고 따라 해서 생긴 결과였다.

"서태지와 아이들 할 때 백지웅 씨와 똑같은 크기의 방에서 살았어요. 개인적으로 굉장히 공감했어요."

K팝스타 1차 생방송 중 My Story에서 어려운 가정형편을 고백한 백지웅을 격려하며 양현석이 꺼낸 말이다. 자신의 기억처럼 그 당시 양현석은 춤을 추는 사람들 사이에서 스타였을 뿐, 생활 형편이 나아진 건 아니었다. 이 이야기는 서태지와 아이들로 데뷔하고 나서 MBC 인간시대 팀에서 그의 집을 찾아갔을 때 단칸방에서 살아가는 모습이 방송을 탔던 순간으로 거슬러 올라간다. 양현석은 자신의 집이 초라하다는 생각은 전혀 하지 않고 TV 방송으로 모든 시청자들에게 공개해준 경우였다.

어쨌든 당시 양현석이 정현철서태지의 춤을 보고 놀란 것도 잠시, 정현철에게 받은 450만 원은 일찌감치 써버렸는데 공교롭게도 1:1 레슨을 시작하자마자 입대 영장이 나온 양현석은 정현철에게 말할 시간도 없이 입대를 하게 되었다.

누가 보더라도 본의 아니게 남의 돈을 떼어먹은 사람으로 오인받을 상황이었다. 하지만 정현철은 기다렸다. 양현석 역시 입대를 하고 8개월 후 예기치 않게 의가사 제대를 하면서 정현철을 다시 찾았다. 양현석과 정현철의 인연이 시작되는 순간이었다.

여기서 잠깐!
양현석과 정현철에 대해 생각해 보자.
만약 평범한 사람들이라면 어떻게 생각했을까?

1990년대 초 450만 원이란 돈은 대학교 1년치 등록금이 넘는 큰돈이었다. 춤을 배우기 위해 그 돈을 양현석에게 건넨 정현철이 1:1 첫 레슨을 시작한 후 양현석이 사라진 걸 알고서 어떤 행동을 했을까? 만약 정현철이 보통 사람이었다면 난리가 났을 것이다. 하지만 정현철 역시 스파크 팀에게 물어봤을 터였고, 양현석이 군대에 입대했다는 걸 알게 된 이후론 묵묵히 시간을 기다렸다.

정현철이 하루라도 빨리 데뷔가 조급한 사람이었다면 결코 감내할 수 없던 시간이었을 게 분명했다. 정현철이 보통 사람이었다면 양현석의 집이나 부모라도 찾아가서 돈을 돌려달라고 했을 수도 있다. 만약 그랬다면 한국 가요사를 새로 만든 서태지와 아이들이란 역사는 태어나지 않았을 것이다.

당대 최고의 댄서였지만 여전히 가난했던 양현석 역시 정현철에게 받은 450만 원 때문에 또다시 부모의 신세를 져야 했을지 모른다. 그가 어릴 때 남의 자동차 위에 모래를 깔고 미끄럼을 탄 대가로 부모가 1년 동안 돈을 갚아나갔던 기억의 반복으로 말이다.

하지만 정현철은 양현석을 다시 만날 때까지 앨범을 준비하며 기다렸다. 그렇게 시작된 남자들끼리의 약속이 만든 인연이 서태지와 아이들로 빛을 보게 된 것은 어쩌면 당연한 결과였다. 양현석에게 정현철과의 '약속'이란 세상 무엇보다도 중요한 것이란 신념을 갖게 해줬을 것도 분명했다.

서태지와 아이들 탄생

어쩌면 양현석은 그래서 YG 소속 연습생들에게도 같은 기준을 적용하는 중일까? 자신이 서태지와 첫 만남 이후 오랜 시간 동안 헤어졌다가 다시 만나서 준비하고 데뷔한 것처럼, 가수의 데뷔는 '때'가 되어야 하는 것이라고 믿게 된 것으로 봐야 한다. YG 연습생이 된 것은 양현석과 서태지의 첫 만남과 같고, 그로부터 양현석이 입대한 지 8개월여 만에 의가사 제대를 하고 1991년 11월에

| 서태지와 아이들

서태지를 찾아가서 다시 만나기까지 기다린 시간은 아티스트들이 YG에 들어와서 데뷔를 준비하며 기다리는 시간과 같다고 여기는 것처럼 말이다.

그런데 양현석이 입대를 하고 다시 의가사 제대를 했을 무렵, 그 당시엔 어떤 상황이었을까? 양현석은 서태지와의 약속을 잊지 않았던 걸까? 아니면 우연히 예전 기억을 다시 떠올리게 된 걸까?

입대를 하기 전 양현석은 당시 '스파크' 팀으로 활동하면서 이주노의 소개로 가수 박남정을 만나 '박남정과 친구들'에서 댄서 겸 안무가로 활동하게 되었다. 첫 방송 출연이기도 했다. 그러던 중 양현석은 입대를 하게 되었고, 의가사 제대 후 집에 들어와서 집을 청소하다가 우연히 정현철의 연락처가 적인 메모지를 발견하게 되면서 역사가 시작된다. 정현철에게 연락해서 다시 만난 것이다.

당시, 솔로를 준비하던 정현철에게 양현석은 남자 셋으로 댄스와 노래를 같이 하면 어떨지 제안하였다. 이를 받아들인 정현철이 자신과 양현석 외에 다른 댄서 한 명을 찾기 시작했는데, 당시 소문난 댄서로 양현석 외에 이주노가 있었지만, 당시에만 하더라도 이주노의 영입은 부담스러운 면이 있었다는 양현석의 고백이다.

이주노는 당대 최고의 댄서였지만 양현석보다 나이가 많아서 서로 안무를 짤 때나 멤버로 활동할 때 제대로 단합이 될지 걱정되었다고 한다. 하지만 정현철과 양현석 입장에서 이주노 외엔 대안이 없었다. 결국, '서태지와 아이들'은 정현철, 양현석, 이주노라는 세 명의 걸출한 인재들로 구성되었다. 양현석이 오랜 시간 가졌던 꿈이 구체화되어 데뷔를 하게 된 역사적인 순간이기도 했다.

서태지와 아이들이 결성된 이후 얼마 지나지 않아 뮤직비디오가 방송을 타고 인기를 끌며 청소년들 사이에 톱스타로 등장했다. 당시에 볼 수 없던 춤, 새로운 리듬, 한국 가요계에 던진 신선함에 가요 팬들이 열광하면서 기존 가요 관계자들을 충격으로 빠트렸다. 대중의 욕구를 정확하게 파고든 노래의 성공으로 서태지와 아이들의 인기가 끝없이 높이 올라갔기 때문이다.

그러나 1996년 1월 31일, 서태지와 아이들은 해체를 선언하고 서태지정현철는 은퇴를 하게 된다. 이 사건에 대해 여러 이유를 말하는 사람이 많았지만 서태지와 아이들의 멤버들은 아무 이야기도 하지 않았다. 창작의 고통이 심해서 해체한다고만 밝혔다. 사람들의 평가는 본래의 의도와 전혀 다른 것이었다.

당시에 사람들의 소문에 대해 양현석은 어떤 생각이었을까? 그당시 양현석의 마음은 2012년에 싸이가 '강남스타일'로 세계적인 유명세를 치르다가 2013년에 나온 후속곡 '젠틀맨'으로 다소 주춤한 모습을 보이자 세간에 쏟아진 '실패작'이란 평가에 대한 양현석의 생각과도 크게 다르지 않을 것이다.

"젠틀맨 뮤직비디오는 전 세계 유튜브 순위 5위인데도 '실패'라고 하는 사람들이 있는데, 양면성이 있는 것 같아요. 싸이가 '다음 앨범은 하던 대로 즐기듯 하겠다'고 했는데 그게 정답이죠. '젠틀맨'이 좋은 계기가 됐다고 생각해요. 끝없이 치고 오르다 조금 떨어졌는데, 그게 자극이 되지 않을까 생각해요."

양현석은 청소년 시절 춤을 좋아해서 밤새도록 춤을 연습하더라도 항상 잠은 집에서 잤다. 단 한 번도 가출하지 않았다. 그 이유는 부모님이 무서운 분이라서가 아니었고, 부모님께 미안한 마음에서였다.

그럼 3형제 중 부모님 다음으로 양현석의 생활에 영향을 끼친 사람은 누구였을까? 그건 첫째 형이었다. 양현석과 여섯 살 차이 나는 큰형은 부모님이 집에 안 계실 땐 다른 동생들의 생활을 간섭하고 제대로 바른 생활을 하도록 관리했다.

양현석은 당시를 기억하며 큰형의 존재가 있기에 자신이 삐뚤어지거나 샛길로 새어버릴 수가 없었다는 점을 인정했다.

부모님께서 속상해할지 모르는 딴짓을 하지 못하게 항상 두 동생들의 생활을 면밀히 챙겨 주었던 형 덕분이었을까? YG에서 양현석은 마치 그 자신이 그랬던 것처럼 아티스트들의 큰형이 되어 대내외적인 활동에 영향을 끼치고 있으니 자라온 교육 환경이 얼마나 중요한지 새삼 느끼는 일이기도 하다.

한편, 큰형의 관리 감독하에서 자라온 양현석이었지만 드디어 큰형의 관리에서 벗어나 '양현석 세상'이 온 걸 느끼게 된 날이 있었다. 양현석에게 찾아온 볕들 날, 그날은 큰형이 군대 가던 날이었다고 기억한다.

어린 시절 엄격한 생활환경에서 자라온 덕일까?

양현석에겐 지난 20여 년간 연예계 활동에서도 스캔들 한 번 없다는 사실을 주목하게 된다. '선을 지킨다'는 철저한 자기 관리이기도 했지만 무엇보다도 하나에 빠지면 다른 일을 신경 쓰지 못하는 집념 덕분이기도 했을 것이다. 오로지 좋은 음악 만들기에 자신의 모든 걸 쏟아붓는 시간을 지내온 양현석이었다.

서태지와 아이들 해체

1992년부터 서태지와 아이들로 활동하던 양현석은 1996년 1월 31일 서태지와 아이들 그룹의 해체를 알리는 자리에 서게 되었다. 이 당시 그의 마음을 생각해 보자. 수년간 지켜온 꿈의 무대가 이뤄지고 한국 가요사에 전무후무할 인기를 누리던 와중에 벌어진 일이기에 그로서도 마음에 큰 충격을 받지 않았을까 생각되는 부분이다.

하지만 양현석은 말했다. 양현석에게는 창작의 고통이 없었는데 서태지는 힘들게 음악 하는 듯 보였고, 서태지와 아이들 4집 '컴백홈'을 만들 때는 서태지가 5개월 동안이나 집 문 앞에 한 발자국 나온 적이 없었기에 서태지가 은퇴를 제안했을 때 할 말이 없었다고 했다. 무엇보다도 창작의 고통이 무엇인지 서태지의 고통을 곁에서 보고 알았기에 그랬다.

한편으론, 당시에 생각하기를 '우리는 지금 그만두는 게 맞다'는 생각이 들기도 했다고 한다. 이미 프로의 생활을 경험했던 사람들이 모인 팀이었기에 그랬으며, 서태지, 이주노, 양현석 모두에게 서태지와 아이들이 시작이자 끝이 되어야 한다고 여긴 게 아니라서 그랬다는 고백이다.

양현석은 '서태지와 아이들' 활동을 가장 큰 경험으로 두고 그 시점에서 떠나보내야 할 때라고 생각했다. 그들에게 다가올 또 다른 경험을 위해서 떠나보내야 했다.

양현석도 그 무렵엔 자유를 갈망하던 시기였다. 양현석에게 다가온 큰 인기 앞에서 잠시 벗어나 아무도 모르는 곳에서 여유로움을 즐기고 싶었으며, 그 자신이 활동으로 지친 시기였다.

물론, 양현석은 당시에 팬들에겐 미안했으며, 팬들에게 동의를 구하지 않았다는 점에서 비겁했던 부분도 없지 않았다고 말한다. 그리고 팬들이 '서태지와 아이들' 멤버 세 명이 비록 노래를 안 하더라도 다시 한 번만이라도 그냥 한자리에 서 있는 모습을 보여달라는 이야기를 전해와도 양현석은 조심스러운 마음으로 추억으로만 남겨두고자 했다. 그리고 자신이 헤어진 여자친구를 만나는 상황으로 비유를 했다.

양현석이 예전에 사귀던 여자친구는 10년 동안 만났지만 헤어졌고, 현재의 아내와는 9년 동안 만난 후에 결혼을 했다. 서태지와 아이들의 양현석 입장에서 보면 그 당시에 팬들은 양현석이 지난 10년 동안 만났던 여자친구와 같은 마음으로 느껴진다고 했다. 그래서 양현석이 전에 사귀던 여자친구를 한 번쯤 보고 싶어하는 마음이 있을 수 있지만 그러지 않고 옛 기억으로만 남겨두는 것처럼, 서태지와 아이들 역시 팬들과 다시 만남은 추억으로만 간직하는 게 좋겠다고 생각했다.

　　"서태지 씨도 저에게 가족이었지만 지금은 또 다른 가족이 많이 생겼어요. 그리고 서태지 씨는 동화 속 피터팬 같다는 느낌을 갖곤 하는데, 저도 가끔은 서태지 씨를 그 밖으로 나오게 하고 싶지만, 지금 생각해 봐도 서태지 씨를 밖으로 나오게 하면 그에게도 도움이 안 될 거 같아요."

　　서태지와 양현석, 두 남자들이 맺은 약속 때문이었을까? 양현석은 그가 가졌던 꿈의 무대를 이루게 해준 서태지에 대한 고마움을 여전히 간직한 채 그에 대한 따뜻한 배려를 감추지 못했다. 아티스트를 대하는 양현석의 배려가 팬들에게도 올곧이 전해지는 말이었다.

"스티브 잡스가 어떤 성장 과정을 겪었고, 어떤 사람인지는 중요하지 않아요. 잡스의 전기를 읽어본 적도 없어요. 다만, 그가 뛰어난 크리에이티브로 만들어낸 결과물과 그것이 온 세상을 바꿨다는 점이 정말 대단하다고 봐요."

자신에게 아이폰을 써볼 수 있도록 해준 스티브 잡스에게 고마움을 갖는다는 양현석이다. 양현석이 말하는 스티브 잡스에 대한 느낌이다. 어쩌면 양현석은 서태지와 스티브 잡스 모두에게서 천재성을 가진 아티스트 감성을 찾아낸 것인지 모른다. 양현석 본인도 춤 하나만으로 톱스타의 무대에 서게 되었듯이 서태지, 스티브 잡스를 바라볼 때도 그들이 가진 장점을 눈여겨보는 건 아닐까?

1970년대 서울의 인사동 골목에서 자라던 꼬마 양현석이 중학교 때 춤을 처음 접하고 가진 충격, 그리고 춤을 배우며 지낸 시간과 사회생활을 하며 우연히 예전에 함께 춤을 추었던 친구가 TV에 출연하여 춤을 추는 모습을 보고 받은 충격과 더불어 오로지 한 길만을 바라보고 달려온 그 아닌가?

| 서태지와 아이들

서태지왼쪽 · 이주노가운데 · 양현석오른쪽

03 이제, 양현석은 서태지 없이
뭐 하고 사나?

"서태지 없으면 이제부터 양현석은 뭐 하고 사나?"

1996년 1월 31일 서태지와 아이들의 해체식을 보던 사람들이
한 말이다. 이 이야기를 듣고 김혁이 회상했다.

"서태지와 아이들이요? 첫 방송은 송창의 PD님이 적극 밀었어
요."

남자배우 '천지인'으로 활동하던 김혁의 이야기다. 한때는 미
국에서 라디오코리아 방송을 통해 인기리에 활동한 DJ이기도 하
고, 한국에선 부천에서 카페를 열어 수완을 발휘하더니 얼마 후엔
김국진, 김용만, 박수홍 등의 매니지먼트를 담당하던 감자꼴엔터
테인먼트에서 기획 일을 맡은 남자다.

한국 음악에 대해 이야기하다 보니, 자연스럽게 1992년에 데뷔한 서태지와 아이들 이야기가 나왔고, 김혁은 실제 배우로 활동하려던 자신이 방송가에서 경험한 이야기를 들려주었다. 1992년 당시만 하더라도 방송국 내에서 서태지와 아이들을 첫 출연시키는 것 자체에 말들이 많았다고 했다.

"처음엔 방송에 출연시키려던 다른 가수가 있었는데 송창의 PD님이 서태지와 아이들 보고 '감'이 왔다고 그러시더라고요. 그래서 다른 사람들의 반대를 무릅쓰고 방송에 내보낸 거죠."

서태지와 아이들의 멤버가 된 양현석의 지상파 방송 첫 데뷔는 1992년 4월 11일 MBC 특종 TV연예 프로그램이었다. 당시 방송에선 '서태지와 친구들'이란 이름으로 소개되었는데, 공교롭게도 MBC 특종 TV연예 프로그램은 이름 그대로 '서태지와 아이들'의 데뷔를 알린 특종을 보도하게 된 셈이다.

세상에 우연이란 없으며 필연의 다른 말이라고 했던가?

당시 음악 PD들 사이에서도 파격적이고 새로운 음악이란 평을 들었던 노래가 바로 서태지와 아이들이 발표한 '난 알아요'란 곡이었다. 이 노래는 리메이크까지 되어 '특종 TV 연예'의 타이틀 음악으로도 사용되었다.

서태지와 아이들 해체 이후 양현석

이 이야기를 말하기에 앞서 우선 서태지와 아이들의 결성과 인기를 얻던 과정에 대해 알아볼 필요가 있다. 당시 MBC에 첫 출연하며 데뷔를 하게 된 서태지와 아이들의 '난 알아요'에 대해 하광훈, 양인자, 이상벽, 전영록 4명의 심사위원이 심사를 했다. 심사 결과 멜로디 라인이 좀 약하다는 하광훈의 심사평에 이어 새로운 음악이니 새로운 내용의 작사였다면 좋았을 것 같다는 양인자 작사가의 심사평, 그리고 의욕적이라 호감이 간다며 새로운 실마리가 되어 달라는 이상벽의 심사평이 있었다.

그런데 전영록은 노래에 대한 심사평이란 대중들이 하는 것이라며 그분들에게 맡기겠다는 심사평을 건네기도 했지만, 4명의 심사위원들의 평가 점수는 좋은 편이 아니어서 7.8점을 기록하였다. 이후에 나타난 '난 알아요'의 대인기에 비하면 다소 초라한 평점이었는데, 지금 생각해 보면 당시에 얼마나 파격적이고 새로운 음악이었는지 짐작할 수 있는 부분이기도 하다.

심지어 서태지와 아이들의 매니지먼트를 담당했던 유대영조차 그 자신이 리믹스 DJ로 인기를 얻던 중이었음에도 서태지와 아이들을 어떻게 홍보할 것인지 어려움을 겪기도 했으니 말이다. 어쨌든 서태지와 아이들은 유대영을 통해 MBC 라디오 프로그램에서 소개되기 시작하면서 방송이나 언론보다는 다운타운에서 먼저 인기를 얻기 시작했다. 1992년 7월경부터 인기가 급상승하였는데 기성세대의 혹평이 거듭될수록 오히려 10대 청소년들에겐 큰 인기를 얻게 되는 기현상이 생겼다. 1994년 발표작 '교실이데아'를 비롯해서 서태지와 아이들의 음악은 기성세대에 대한 반감의 상징으로 떠오르면서 10대 청소년들을 상징하는 아이콘으로 자리 잡게 되었으니 말이다.

그 당시에 양현석은 서태지의 어떤 가능성을 보고 합류를 결정했을까?

아는 사람들은 다 안다. YG엔터테인먼트에서 가족 연습생을 선발하는 규정은 까다롭다고 소문이 났다. 진정한 실력파만 연습생으로 선발하는데 연습생이 된다고 해도 데뷔가 약속되는 건 아니며, 꾸준한 자기 연습과 노력을 거쳐야만 '때'가 되었을 때에 데뷔를 할 수 있다는 걸 모두가 알게 된 이유다.

그렇다면 양현석은 서태지를 처음 만난 당시에도 어떤 느낌을 갖지 않았을까 생각하게 된다. 서태지에게 가능성이 없었다면 양현석은 서태지와 아이들 멤버가 될 생각을 하지 않았을 게 분명하다. 서태지에게서 양현석은 어떤 가능성을 발견했던 걸까? 서태지가 양현석을 만나기까지 어떤 길을 걸었는지 살펴보자.

서태지_{정현철}는 중학교 다닐 때 이미 '하늘벽'이란 록밴드를 만들어 활동했는데, 고등학교에 들어와서 '활화산'에서 활동하다가 '시나위'에 합류가 결정되면서 공부보다는 음악을 선택하게 된다. 보컬과 베이스 기타 연주는 물론 작곡 능력까지 갖춘 실력을 갖추면서 '시나위' 이후에는 본격적으로 자신의 곡을 만들기 시작했다.

양현석이 서태지를 처음 만난 건 1989년 당시 양현석이 가수 박남정과 친구들 멤버로 활동하면서 밤업소 무대에 섰을 때의 일이다. 같은 업소 무대에 섰던 '시나위'의 멤버로 활동 중이던 서태지가 양현석을 찾아와서 '춤을 배우고 싶은데 어떻게 해야 되는지?' 물어보았다. 양현석은 자신이 댄서로 활동하던 이태원의 유명한 클럽을 알려줬는데, 이게 시초였다.

양현석은 자신을 끈질기게 쫓아다닌 서태지의 노력에 두 손을 들고 결국 1:1 레슨을 하게 되었지만, 첫 수업 이후 급작스러운 군입대로 인해 본의 아니게 서태지에게 연락을 못 하게 되었다. 그런데 양현석이 또다시 8개월 만에 예기치 않게 의가사 제대를 하게 되는 일이 생겼다. 이래서 만나야 할 사람은 어떻게든 만난다고 하는 걸까? 집에 돌아온 양현석이 서태지에게 연락을 해서 다시 만나게 되었던 것 역시 우연이라고는 설명하기 어려운 일이다.

만약 양현석이 군대에 계속 있었다면 어땠을까? 서태지와 아이들은 탄생하지 않았을 것이다. 물론, 또 다른 곳에서 인연이 되어 서태지와 아이들이 시작되었을 수는 있겠지만 양현석은 그렇게 생각하지 않았다. 양현석은 1991년 11월에 의가사 제대를 하고서 서태지를 다시 만나지 않았다면 현재의 '서태지'는 있겠지만 '서태지와 아이들'은 없었을 것이라고 말한다.

우여곡절 끝에 양현석은 서태지를 다시 만나 어떻게 지내는지 이야기를 나누던 중, 서태지가 댄스 앨범을 만들며 솔로 데뷔를 준비한다는 이야기를 듣고 한 가지 제안을 한다. 댄스곡이라면 춤과 패션이 필요할 것인데, 서태지가 춤을 배우기보다는 춤을 잘 추는 사람이 멤버로 있으면 좋을 것 같다는 얘기를 나누었다.

그리고 운명과도 같은 이날 이후로 서태지, 양현석, 이주노가 모이면서 한국 가요사를 다시 쓴 서태지와 아이들이 탄생하게 되는 계기가 되었다.

물론 서태지의 데뷔 준비에 처음부터 양현석과 이주노가 합류한 것은 아니었다. 춤 잘 추는 후배들을 소개해 주며 서태지에게 댄스팀을 꾸려줬던 양현석은 나중에 서태지로부터 직접 참여해 달라는 얘기를 듣고 결국 팀을 같이 하게 되었다. 서태지가 보기에 양현석이 추천해준 후배들의 실력이 자신과 맞지 않았던 것 아닐까? 양현석이 서태지와 함께 하기로 하면서 서태지와 양현석은 함께 할 제3의 멤버를 찾는데 그게 쉽지가 않았다.

시간이 필요했다. 춤 잘 춘다는 사람들은 다 만나봤지만 뭔가 부족했다. 결국, 양현석은 당대 최고의 이주노에게 연락하게 된다. 최종적으로 1992년 서태지와 아이들 데뷔 한 달 전에 이주노가 합류하게 된 이유다. 이 역시 서태지가 최종 결정했던 것은 물론이었다.

결과적으로, 서태지가 제대로 활동할 수 있도록 지원해 주는 역할을 누가 담당했는가 생각해볼 때, 현재의 YG의 양현석을 떠올리게 된다. 스타를 알아보고 스타의 활동을 위해 기꺼이 최선을 다해 돕는 게 본인이 제일 잘하는 일이라는 양현석의 이야기와 맞아떨어진다. 물론, 양현석이 서태지의 가능성을 알아본 사람이었던 것처럼 서태지 역시 양현석의 실력을 알아본 사람이었던 것 아닐까? 스타와 스타의 만남이었다.

그러나 당대의 문화 트렌드를 바꾼 서태지와 아이들은 1992년 3월부터 1996년 1월 31일까지 서태지와 아이들 4집 앨범을 끝으로 해체를 하게 된다. 해체 이유는 밝혀지지 않았지만 무수한 억측이 오고 갔다. 그렇게 짧지만 큰 파장을 일으켰던 스타들이 퇴장하는 날, 팬들도 울고 스타들도 울었다. 자신에게 있어서 여자 친구는 팬들이라고 울먹였던 양현석도 끝인사를 하면서 무대 뒤로 물러갔다.

"양현석은 이제 뭐 하고 살아?"

그 무렵, 서태지와 아이들을 보며 팬으로 살아온 사람들이 꺼낸 이야기였다. 양현석과 이주노는 이제 무엇을 해야 할까? 그들이 무대 위에서 다시 노래하는 모습을 볼 수 없을 것이란 안타까움 외에도 팬들은 서태지와 양현석과 이주노를 생각하며 안타까워했다.

1996년 1월 31일이 지나고 얼마 후, 팬들의 걱정을 불식시키기라도 하는 듯 양현석은 1996년 6월 신사동에 '현기획'을 세워 자신이 가장 잘하던 일을 이어간다. '양현석'의 이름 중에 '현'을 따서 지은 기획사 이름이었다. 현기획의 첫 그룹은 '킵식스'였다. 많은 사람에게 기대를 받으며 스타가 만든 그룹이라는 초점이 더해지며 팬들도 기대했지만 킵식스는 실패하고 만다. 현기획도 창립 8개월 만에 간판을 내리고야 말았다.

물론, 거기서 포기할 양현석이 아니었다.

양현석은 현기획을 1998년 3월에 (주)양군기획으로 새로 상호를 바꾸고 의욕적으로 지누션을 영입했다. 그리고 지누션의 데뷔 전까지 이현도와 함께 곡을 선보이며 양군기획을 이끌어갔다. 하지만 기획사를 만들자마자 의욕적으로 영입한 가수였지만 양현석이 지누션에게 노래를 만들어줄 수는 없는 상황이었다. 앨범은 더더욱 기대할 시기가 아니었다. 어떻게 해야 했을까?

결국, 양현석은 스스로 무대에 서기로 하고, 1998년 8월에 첫 번째 솔로 앨범 '악마의 연기'를 발매하게 된다. 당시 사정에 대해 잘 아는 사람들은 이때 양현석이 무대로 다시 나온 이유가 '자금 사정' 때문이었다고 말한다. 첫 번째 그룹 실패 이후 극도로 자금 사정이 악화되자 지인에게 부탁하여 홍대 근처 모 건물의 지하로 사무실을 옮기고 다시 시작하는 상황이었다.

한편, 1998년 당시 양현석과 함께 무대에 선 백댄서는 현재 1박 2일 등 예능 프로그램에서 많은 활약을 하는 김종민이 있었다. 양현석이 이 앨범을 끝으로 프로듀서의 역할에 전념하게 되면서 김종민은 엄정화의 백댄서로 활동하는 등 경력을 살려 혼성 그룹 '코요테'의 멤버로 참여하게 된 게 눈길을 끈다.

자신이 '악마의 연기'라는 솔로 앨범으로 활동하던 시기를 가리켜 양현석은 스스로에 대한 위안이었다고 할 뿐이었다. 그의 말처럼 양현석 스스로가 본격적인 가수의 길을 걷고자 했던 건 아니었다. 이 당시를 기억하는 양현석은 얼마간의 시간이 흐른 뒤, 고백하기를 "더 이상 춤이 안 나왔다. 그래서 바로 그만두기로 했다."라고 말했다. 양현석에겐 어쩔 수 없는 상황에서 잠시 선택했던 무대였을 뿐이었다.

그런데 솔로 앨범이라고 했지만 그 당시 양현석 앨범은 누가 노래를 만들었을까?

당대를 휩쓴 서태지와 아이들 멤버였던 양현석에게 곡을 만들어주기만 하면 성공은 보장받는 일이었다. 곡을 주겠다는 작곡가들은 넘쳤다. 하지만 양현석 스스로가 자신에게 맞는 곡을 찾지 못한 게 문제였다. 양현석이 찾는 곡은 없었다. 양현석은 또 하나의 무대에 도전해야 했다. 소속 가수에게선 아직 앨범이 나오지 않았고, 양현석이라도 무대에 서야 할 시기였다. 하지만 양현석이 찾는 곡은 다가오지 않았다. 하루하루가 초조하게 흘렀다.

결국, 양현석은 서태지와 아이들 시절부터 공부했던 작곡 실력으로 자신의 곡을 직접 만들게 된다. 아무도 생각지 못했던 상황이었다. 서태지와 아이들의 댄서 양현석이 작곡을 하고 노래를 만들다니? 팬들도 기대하고 방송국과 각종 매체에서도 호응을 해줬다. 양현석의 당시 상황을 생각해 보자. 지누션을 양군기획에서 데뷔시킬 1호 가수로 영입했지만, 지누션에게 곡을 써줄 작곡가를 사방팔방으로 찾아다니면서도 자신의 마음에 드는 곡을 얻지 못해 4년이란 시간을 보내게 되었던 상황이었다. 그 결과 앨범을 만들어 출시하지 못하게 되면서 더욱 나빠진 자금 사정 때문에 양현석이 무대에 오르는 일이 벌어진 셈이었다.

운이 좋았을까? 양현석의 솔로 곡은 그무렵 시청률이 높았던 음악 프로그램 '가요 톱10'의 10위 안에 진입하는데 성공했다. 하지만 그게 전부였다. 인기를 얻은 이유도 서태지와 아이들의 이름 덕이 있었다. 양현석은 계속 무대를 만들어나갈 게 아니라는 느낌이 왔다.

수확은 있었다. 양현석은 자신의 솔로 데뷔 앨범에서 8곡을 직접 만들면서 프로듀서의 가능성을 보였다는 부분이다. 서태지와 아이들로 활동할 때는 춤과 패션, 스타일에 대해 많은 의견을 내던 양현석이 솔로 활동을 하게 되면서 자신의 작곡, 작사 실력을 시험해 보게 되었고, 현재의 YG엔터테인먼트가 탄생하게 되는 출발점이 되었다.

그 이후 양현석은 멈추지 않고 심기일전하듯 회사 이름을 YG엔터테인먼트로 변경하고 흑인 음악 전문 기획사를 추구하였다. 이때 배출해낸 뮤지션들이 지누션, 원타임, 렉시, 세븐, 투애니원, 빅뱅 등이 탄생하면서 현재의 위상을 갖추게 된다.

서태지와 아이들 해체 이후에 양현석의 진로를 걱정해 주던 수

많은 사람의 우려를 불식시키며 양현석은 그렇게 자기 길을 헤쳐가며 영역을 만드는 데 성공했다. 서태지와 아이들 이후에 '양현석'이란 이름으로 홀로서기를 하게 되는 순간이었다. 지누션에 이어 원타임이 나왔고, 이어서 3년 간격으로 2006년 빅뱅, 2009년 투애니원, 2012년 싸이의 강남스타일이 이어지며 세계 음악시장에서 우뚝 서게 된 한국의 YG엔터테인먼트의 시작이었다.

한편, 1992년 3월 23일에 '난 알아요' 앨범을 출시하며 데뷔했던 서태지와 아이들이 1996년 1월 31일 활동을 접고 은퇴하는 자리에서 양현석이 남겼던 이야기를 기억해 보자.

"저는 언젠가 팬들에게 다시 나타나겠습니다. 여러분, 서태지와 아이들이 있기에 여러분이 있었지요. 사랑합니다."

혹시 기억하는 독자들이 있을까?

1998년 양현석의 솔로 곡 '악마의 연기'란 노래는 양현석의 약속이기도 했다. 판매량도 80만 장이 넘었다. 서태지와 아이들 해체식에서 팬들에게 한 약속을 지키는 순간이었다. 그 이후부터 현재에 이르기까지 양현석은 지누션과 원타임을 성공시키며 프로듀서로서 역할에 충실하게 된다. 대중 앞에서 마음속에 있는 말을 쉽게 꺼내지 않는 양현석이 누군가와 약속을 했을 때 어떻게 지키는지 여실히 보여주는 기억이다.

그리고 양현석이 자신의 솔로 앨범 출시 전, 1996년도에 처음 프로듀싱했던 그룹인 '킵식스keep six'는 당시엔 그다지 큰 주목을 받지 못하고 사라지고 말았다. 그 이유가 무엇 때문이었을까? 현재의 YG의 실력을 생각해볼 때 이해할 수 없는 대목이지 않은가?

이 글을 읽는 독자들 역시 킵식스에 대해 기억하는 사람은 거의 없을 것으로 생각한다. 그래서 살짝 짚고 넘어가자면, 1996년도에 데뷔한 킵식스는 박동호, 이새영, 심영호 3인조 그룹으로 한 사람당 두 사람 몫을 해내자는 취지로 그룹명을 정했다는 일화가 전해진다.

멤버들의 구성은 당시에 클론, 신승훈 등이 소속되어 있던 라인기획의 백댄서였던 심영호를 데려오고, 교포 출신의 이새영은 보컬을 담당하게 했다. 나머지 한 명은 팬들의 궁금증을 유발시키기 위해 의도적이었는지 모르지만 당시에도 알려진 바가 없는 신비주의 멤버였다. 어쨌든 누가 보더라도 될 만한 팀이었다.

그러나 문제가 생겼다. 이새영은 교포 출신이기에 영어 힙합 발음은 잘했지만 우리말 가사가 어색했다는 것도 단점이었다. 특히, 힙합이란 장르 자체가 1996년 한국 가요 시장엔 너무 이른 감도 있었다. 심영호의 경우는 가수가 아니었음에도 많은 사람이 주목하며 스타성을 갖춘 인재로 눈여겨보는 사람들이 많았음은 물론이었지만 화제성은 거기까지였다.

아마 이때부터 '스타성'이란 무엇인가에 대해 양현석이 깨달은 바가 생겼던 것으로 추측해 본다. 스타란 화제성이 있는 누군가를 데려와서 팀을 꾸린다고 되는 것도 아니고, 단지 제작자의 예감에 따라 사람들이 좋아하겠다 싶은 사람을 데려온다고 해서 되는 것도 아니라는 것이다. 마케팅 차원에서 신비주의를 유도한다고 해도 정작 사람들에게 인정받지 못하면 스타가 될 수 없다는 것도 알게 되었으리라 생각된다. 한 번의 실패가 두 번째부터는 성공으로 이끌어준 계기가 되었음을 확인하게 되는 부분이다.

04 누우면 자고 주면 먹는다

양현석이 8년 넘게 부동산 사무실을 들락거리며 공부한 그곳, 합정동에 들르는 김에 서교동, 동교동 일대를 찾았다. 가까운 근처의 신촌전화국 자리는 예전에 아낙네들이 모여 담소하던 빨래터였다는 사실은 익히 이야기를 들어 알고 있었고, 조선 땅에 들어오는 외국 문물과 사절단들은 양화대교까지 배를 타고 와서 지금의 양화대교 쪽에 내려 동교동 삼거리를 거쳐 서대문으로 해서 궁궐로 들어갔다는 기록도 기억났다.

궁금증이 생겼다.

양현석이 태어나서 어린 시절을 보내고 자란 고향은 인사동 골목이었는데 그는 왜 마포에 자리를 잡았을까? 한류 콘텐츠가 세계 시장으로 뻗어 나아가며 국외 진출 시대를 열어나가기에 합정동과 양화대교 지역이 가장 좋은 지역이라고 여겨서일까? 어쩌면 양현석은 지금 그 자리가 수백 년 전 조선의 땅을 밟은 서양 문물들이 우리 문화 속으로 들어오고 우리 문화 역시 세계로 뻗어나가던 지역이란 이유 때문에 합정동에 자리를 잡은 건 아니었을까?

하지만 그래도 대부분의 기획사들이 모인 강남구 청담동 자리나 방송국들이 모인 여의도 지역도 아닌 마포 지역이라니? 물론, 월드컵경기장 주변 상암동 지역이 디지털미디어콘텐츠 허브 지역으로 구성되면서 일산과 상암동에 위치한 방송국까지의 거리를 고려한 것으로 보이는데, 다른 이유는 없었을까 하는 지식욕이 발동하는 것도 사실이다.

YG엔터테인먼트가 세워진 곳의 역사를 살펴보니, 새 주소가 생기기 전 2010년 3월에 새로 지은 건물에 입주한 YG엔터테인먼트가 자리를 잡은 곳은 마포구 합정동인데, 도로명 주소로 바뀐 지금은 다름 아닌 '희우정' 길이 되었다는 내용이 눈에 들어왔다.

무릎을 탁 쳤다.

양현석이 의도했건 의도하지 않았건 간에 오늘의 YG엔터테인먼트의 성공과 가수 싸이의 활약상, 그리고 양현석의 유명세가 신기하게 맞아떨어지며 이해가 되었다.

그 내용은 이렇다. YG엔터테인먼트가 세워진 자리의 주소명

'희우정로'에 포함된 '희우정喜雨亭'은 합정동 457-1번지에 있던 정자亭子를 말하는데, 1425년에 임금이 된 지 7년차에 접어든 세종대왕이 농사 상황을 살피러 이곳에 들렀다가 마침 소나기가 내리면서 들판이 촉촉하게 젖는 걸 보고 이름을 지은 곳이다.

다시 생각해 보자. '희우정'이란 곳과 YG엔터테인먼트의 성공 사이에 무슨 연관이 있을까? 그건 YG엔터테인먼트의 구성원들의 나이에서 연관성을 찾을 수 있다. 가령, 양현석은 1969년생으로 닭띠, 싸이는 1977년생으로 뱀띠, 투애니원2NE1의 산다라박, 박봄은 1984년생으로 쥐띠, 씨엘은 1991년생으로 양띠, 공민지는 1994년생으로 개띠다. 빅뱅의 경우도 살펴보면, 지드래곤과 태양이 1988년생으로 용띠, 탑이 1987년생으로 토끼띠, 대성이 1989년생으로 뱀띠, 승리가 1990년생으로 말띠다. 인터넷상에 공개된 그들의 출생 연도가 그렇다.

여기서 한 가지 공통점은 YG엔터테인먼트를 대표하는 빅뱅과 투애니원, 그리고 양현석 모두 태어난 해의 띠를 상징하는 특성들이 하나같이 푸르른 들판에서 뛰노는 것임을 알 수 있다. 지드래곤과 태양은 희우정이 소나기가 내릴 때 지어진 이름이란 기록에 근거한다면 들판에서 하늘로 오르는 용의 기운을 가진 것으로 설명되지 않을까?

그리고 닭은 본래 '봉황'을 상징했고, 천성적으로 '용'과 성격이 맞아서 잘 지낸다는 이야기가 있는 것처럼 어느 것 하나라도 오늘의 YG엔터테인먼트의 성공을 설명해 주기에 충분하다는 것이 또한 놀랍다.

새로운 주소가 사용되기 전의 합정동 주소도 마찬가지다. 합정 合井이란 우물이 합쳐진 장소라는 의미로도 해석되므로 물이 항상 흐르고 모이는 곳이다. 서양 문화가 서울로 들어오던 길목이었던 바로 그 장소에 자리 잡은 YG엔터테인먼트의 성공은 예견되던 게 아니었을까?

일산에서 업무를 마치고, 강변북로를 타고 오다가 양화대교 진입로에서 합정동 쪽으로 들어오면 YG 사옥이 보이는데, 그 모양이 마치 기타Guitar처럼 보인다. 조금 더 구체적으로 보자면 기타와 피아노 건반을 조합해서 만든 건물 디자인으로 보인다. 음악 아티스트들이 모인 YG엔터테인먼트의 특성을 절묘하게 표현해낸 디자인이 아닐까.

YG 사옥 디자인과 현재 주소를 보면 양현석이 YG엔터테인먼트에 입주하기 전에 현기획이나 양군기획을 할 당시엔 어디 있었을까 궁금해진다. 세상의 우연은 없다. 다만, 최선을 다한 자에게 하늘이 내리는 축복의 필연이라고 하듯, 양현석을 현재의 자리에

ㅣYG 사옥

부른 필연은 무엇이었을까?

　양군기획 역시 서울 마포 합정동에 있었다.

현재 YG 사옥과 같은 동네였으며 구체적으로는 합정동 371-26 덕양빌딩 지하 1층으로 당시엔 송백경, 테디, 대니, 오진환으로 구성된 원타임1TYM을 필두로 해서 세븐, 지누션, 렉시lexy, 페리Perry, 마스터 우Masta Wu, 스위티swi.T 등을 소속 음악 아티스트로 두고 있었는데 2003년 무렵 당시엔 유일한 연기자로 박한별이 소속 연기자로 있었다. 참고로, 당시에 YG엔터테인먼트 소속으로 알려진 휘성, 빅마마, 거미의 경우엔 M.BOAT라는 기획사 소속이었고 엄밀하게 구분할 경우 양군기획의 소속은 아니었다.

자, 그럼 다시 현재로 돌아와 보자.

지금은 누가 뭐래도 합정동에 YG엔터테인먼트가 있다는 사실 하나만으로도 많은 연기자 지망생들이나 가수 지망생들에게 '꿈의 장소'가 된 지역이다. 하지만 양현석이 현재의 YG엔터테인먼트를 세울 당시에도 이미 홍대 주변 합정동 지역엔 아기자기한 카페들이 들어서고 라이브 클럽과 인디밴드들이 활동 무대로 찾게 되면서 특색 있는 문화를 갖추던 상황이었다. 나름의 홍대 문화를 표방하며 알려지던 시기에 YG 사옥이 들어서면서 유명세가 확산되었다고 보는 이유다. 양현석은 말한다.

"좋은 음악 만드는 게 소원이에요."

"여러 가지를 잘할 재주가 없어요. 오로지 하나에 매달려도 될지 안될지 모르는데요."

음악에 대해 이야기할 때 눈빛이 가장 빛나는 양현석은 그 자신이 아티스트다. 지금은 후배 아티스트들을 위해 그들이 꿈을 펼칠 무대를 만드는 작업에 더 많은 시간을 쏟고 있긴 하지만, 1990년 초 대한민국을 들썩이게 만든 장본인이 양현석이란 사실은 어느 누구도 이의를 달 수 없다.

홍대 거리와 합정동 지역을 세계 속의 한류 본거지로 만드는데 성공한 양현석이 이야기한다.

"다른 데 신경 쓸 시간이 없어요. 잘하는 것 한 가지만 죽어라 파는 겁니다. 제가 잘하는 것은 음악이고, 잘 만들어 널리 알리는 거예요. 싸이도 음악으로 이렇게 '월드스타'가 된 것처럼 기획사는 음악에 집중하는 게 가장 중요해요."

양현석이 음악 하나에 집중한다는 이야기였다. 양현석이 TV 방송에서 스스로를 가리켜 '네, 저는 누우면 자고 주면 먹어요.'라는 이야기를 할 때 시청자들과 방송 진행자들은 웃어넘겼다. 그들은 왜 웃었을까? 양현석이 게으른 사람이란 걸 알았기에 그랬을까? 아니면 양현석도 그들과 다를 바 없는 사람이란 걸 알았을까? 양현석이 진짜 비밀은 숨기고 사실을 이야기해 주지 않는다는 걸 알았기 때문일까? 아니면 양현석이 누우면 자고 주면 먹는 사람이기를 바랐을까? 양현석이 그 말을 할 때 유독 그의 어조에 힘이 들어가 있다는 걸 눈치챈 사람은 별로 없었다.

'누우면 자고 주면 먹는다'는 양현석의 이야기 너머에는 또 다른 의미가 있다. '잠 잘 때와 먹을 때를 빼고 그가 하는 일이 무엇인지' 생각해 봐야 한다. '누우면 잔다'는 얘기는 눕기 전에는 안 잔다는 말이고, 이 말은 졸릴 때까지 하는 일이 있다는 얘기다. '주면 먹는다'는 이야기도 식사를 하기 전까지는 그가 하는 일이 있다는 얘기다. 식사를 하기 위해 스스로 밥을 차리지 않는다는 얘기다. 양현석은 자거나 먹는 시간 외에는 오로지 음악 만들기에만 매달려 살아간다는 사실을 다르게 표현한 말이었다.

시청자들이나 진행자들은 웃어선 안 되는 말이었다. 소름이 끼쳤다. 양현석의 천재성과 집요한 오기는 익히 들어서 알고 있었지만, 대외적으로 이야기할 때도 양현석, 그가 지닌 꿈과 도전하는 삶을 남에게 드러내지 않는 성품을 알게 되는 부분이라서 그렇다.

세상의 꿈을 이룬 사람들은 서로만 알고 있는 공통점이 있어서일까? 양현석은 음악에 마치 목숨을 걸고 살아가는 사람처럼 최선을 다하기에 멈추지 않고, 최고 그 이상을 바라보며 한시도 게으른 시간을 보내는 사람이 아니었다. 그리고 양현석의 도전은 싸이의 성공을 이뤄내며 현재 진행형이다.

2012년 9월 5일 싸이는 미국에서 '강남스타일' 활동을 하고 같은 해 9월 25일에 귀국했다. 싸이는 이 기간에 MTV 비디오 뮤직 어워즈, NBC 'SNL', '투데이쇼', '엘런 드제너러스 쇼' 등에 출연했고, 어셔, 브리트니 스피어스 등을 만났다. 마돈나의 공연에 참여했다는 건 널리 알려진 사실이다.

여기서 양현석의 행보를 눈여겨보면 그가 추구하는 목표를 보게 된다. 귀국일과 출국일, 그리고 강남스타일이 유튜브에서 공전의 히트를 치는 첫 날, 양현석이 보인 행보와 다른 점은 무엇인지 보자.

싸이가 귀국하는 9월 25일 하루 전인 9월 24일에 양현석은 가족들과 함께 미국으로 출국했다. YG엔터테인먼트를 통해 말한 양현석의 일정은 '가족들과의 추석 휴가'라고 했지만 그 본래 목적은 YG엔터테인먼트의 미국 진출 일정을 논의하기 위한 출장이라고 봐야 하지 않을까? 어쩐지 어색한 일정이다. 고생하고 돌아오는 소속 아티스트의 얼굴도 보지 않고 전날 출국한다는 일정이 부자연스럽다.

그래서 강남스타일의 세계적 성공, 뒤이은 싸이의 미국 투어가 있었고, YG엔터테인먼트의 소속 아티스트 '싸이'가 귀국하는 25일을 앞둔 하루 전에 소속사의 대표격인 양현석이 미국으로 출장을 간다는 건 조금만 관심을 갖고 생각해 보더라도 '단순한 가족 여행'이라고 보기엔 쉽게 이해할 수는 없는 부분이다. 특히 미국에서 '싸이'를 만날 수 있는 시간적 여유조차 없는 시점이다. 싸이가 귀국행 비행기에 몸을 실었을 때 양현석이 출국행 비행기에 탑승하게 된다. 미국 출장 중에 국내에서 시작된 강남스타일 인기 소식이 퍼지면서 양현석이 밤 비행기로 급거 귀국했던 상황과는 너무 다른 분위기다.

'누우면 자고 주면 먹는다'는 양현석의 말처럼 '여행 가자고 해서 간다'는 게 아니란 걸 알 수 있다. 싸이의 성공으로 세계 무대 진출, 팝의 본 고장 미국 진출이 가시화되는 시점에 평생을 '음악 만들기'에 집중하는 양현석이 한가하게 미국으로 '가족 여행'을 간다는 이야기는 앞뒤가 맞지 않았다.

여러 가지를 잘할 재주가 없고, 오로지 한 가지에만 매달려도 될지 안될지 모른다는 양현석이 선택한 '음악'으로 드디어 그토록 바라던 세계 무대에서 성공할 기회가 온 시점이었다. 양현석은 그 날 가족 여행을 간 게 아니라 싸이에게 충분히 생각할 시간을 준 것으로 보는 게 더 어울렸다. 양현석이 싸이에게 준 생각할 시간은 일주일이었던 걸로 보인다.

강남스타일에 양현석이 직접 믹싱 작업을 하고 뮤직비디오에 참여해서 편집을 하던 사이인데, 미국에서 오래 고생하고 돌아온 싸이를 만나지 않고 양현석이 여행을 갈 이유는 두 남자 사이에 업무적으로 배려하는 마음이 더 컸을 게 분명하다. 고생했으니 내 눈치 신경 쓰지 말고 일주일간 맘껏 쉬라는 양현석의 배려가 가능하다. 비단, 싸이에게만 해당된 일은 아니다. 스태프들에게 주는 휴가였을 수도 있다.

또는 2010년 싸이가 YG에 처음 들어올 때 아무 조건 없이 들어왔다는 점을 기억해 보면 추후 활동에 있어서 어떻게 조건을 정할지 일주일간 생각하고 다시 얘기하자는 의미였을 수도 있다. 싸이는 미국 시장에서 자신의 가능성을 본 시점이었으니 양현석이 그런 싸이에게 선택의 자유를 줬다고 봐야 한다.

그렇게 양현석과 싸이는 2012년 싸이의 '강남스타일'의 성공에 이어 2013년 '젠틀맨'이란 후속곡으로 이어갔고, 2014년 양현석은 YG엔터테인먼트의 역량을 총동원해서 세계 무대에서의 성공에 도전하는 중이란 사실이 전해졌다. 이 부분도 양현석의 신중한 성품만큼이나 '다 이뤄질 때까지 말하지 않는' 것임을 생각할 때

YG엔터테인먼트와 양현석이 바라보고 있을 그 무언가가 궁금해지는 부분이다.

하늘도 스스로 돕는 자를 도와주시는 걸까? 양현석과 YG의 미국 진출 소식을 알리기라도 하는 듯 2014년 1월 25일자 빌보드 매거진은 세계 팝 시장에 주목할 만한 뉴스 하나를 발표했다.

빌보드와 국제음악박람회 '미뎀MIDEM, www.midem.com'이 선정하여 발표하는 '세계 음악 시장을 움직이는 음악 비즈니스 분야의 리더 인터내셔널 파워 플레이어스International Power Players'에 양현석을 포함시켰다는 소식이었다. 세계적 공연기획사, 음반사의 대표들이 선정되는 명단에 한국인으로선 양현석이 유일하게 선정되었다.

어린 양현석이 소문난 말썽꾸러기였고, 야구에 심취한 이후 양현석이 사는 동네에 장독대와 유리창이 남아나는 일이 별로 없었다는 것. 어느 날엔 동네에 세워진 멋진 차를 보고 그 위에서 미끄럼틀을 타면 재밌겠다고 생각한 모양인지 차 위에 모래를 뿌려두고 친구들을 불러 같이 미끄럼틀을 타며 놀았던 일. 물론, 양현석의 부모님이 1년 동안 돈을 벌어 그 차의 주인에게 차 수리비를 갚아준 기억을 포함하여, 2012년 5월 14일 SBS 힐링캠프에 출연한 양현석이 고백한 어릴 때 기억을 보더라도 쉽게 예측할 수 없던 그야말로 '대박 사건'이었다.

어린 양현석이 깨트린 유리창, 어린 양현석이 갖고 놀던 야구 방망이, 어린 양현석이 미끄럼틀 타던 자동차를 그대로 두고 지금까지 보존했다면 오히려 더 큰 가치가 되었을 수 있지 않을까? 현재의 양현석은 8억 원 상당의 마이바흐 자동차를 타는데 그 당시 차 주인에게 고마운 마음을 가지게 되었다면 양현석 성품에 큰 보답을 하지 않았을까?

될 성싶은 아이의 미래를 볼 수 없었던 평범한 어른들의 한계에 안타까움이 생긴다. 아니면 양현석은 어릴 때 자신의 마음을 몰라준 세상에 대해 지금 YG 아티스트들을 대하며 그들의 미래를 기대하는 중인지도 모르지만 말이다.

양현석은 말하길, 인기 콘텐츠란 대중들의 선택에 의해 결정되는 것이지 어떠한 단체나 제작자들이 결정할 권한은 아니라고 했다. 서태지와 아이들의 첫 방송 무대를 지켜본 전영록의 심사평과도 다르지 않았다. 가령, 연기자협회가 연기 잘하는 가수들의 영화와 드라마 출연을 막는다면 이게 말이 되겠는가? 반문하며, 방송 예능 프로그램인 무한도전 음원은 잘되는지 시기하지 말자는 이야기였다.

"본업이 가수인 우리들의 음악이 대중의 선택을 왜 못 받았는 가에 대해 더 진지하게 고민해야 한다고 생각해요."

양현석은 음악을 만들 때 철저하게 대중의 입장에서 생각한다. 나만 좋아하는 음악이 아니다. 친구만 좋아하는 음악도 아니다. 대중의 한 사람으로서 나 역시 대중으로 느끼기에 들어서 좋은 음악이 좋은 음악이라고 말한다.

'우리가 이걸 만들었으니 여러분은 들으세요'가 아니다. 사람들이 좋아하는 음악 만들기에 집중할 뿐이다. 그리고 '음악'이란 '가수'들의 전유물이 아니라 개그맨들도 만들 수 있고 누구나 즐기는 장르임을 얘기한다. 가수들의 예능 프로그램 출연이나 개그맨들의 음악 프로그램 출연도 얼마든지 가능하다는 이야기다.

단, 그 소비 주체는 반드시 대중들이어야 한다는 얘기다. 양현석이 생각하는 음악이란 철저하게 소비자 중심주의라는 걸 보게 된다. 음악을 만들 때 세상이 즐거워하는 방법, 세상에 유익한 일을 하려는 양현석을 생각할 때 그와 같이 활동하는 아티스트들이 떠오른다.

YG엔터테인먼트에 들어오고 싶어 하는 가수 지망생들이나 현역 가수들은 어떻게 생각할까?

이 경우, 수많은 사람의 의견들이 한마디로 정의되는데 그건 '들어가기보다 나오기 힘든 회사'라는 이미지다. YG엔터테인먼트의 소속 가수들이나 스태프들, 관계자들로부터 전해지는 이야기다. YG 소속 아티스트들은 서로 가족이란 의식이 강하고, 무엇보다도 아티스트들의 의사를 존중해 주고 배려해 주는 것은 물론이며, 임직원들과 아티스트들 모두에게 복지 혜택이 좋기 때문이라고 입을 모은다.

가령, YG에선 가수 활동을 하지 않아도 한 번 인연을 맺은 아티스트들과는 서로 협업을 통해 관계를 유지하는 일이 많다. 지누션이나 원타임이 대표적인 예다. 10년 넘도록 YG에 머물며 음악만들기에 중요한 역할을 해내고 있다. 음악 만들기는 작사, 작곡뿐 아니라 대외 홍보 업무까지 그 영역이 다양하다.

이런 사정을 잘 알게 된 현업 가수들이나 가수 지망생들이 YG에 들어가고 싶어 하는 이유이기도 하다. 일부 가수들이 신인 시절엔 참고 버티다가 스타가 되어 '뜨면' 스스로 1인 기획사를 차리거나 다른 기획사로 옮기는 것과 비교되는 부분이다. 얼마나 활동할지, 언제까지 인기가 있을지 불확실한 연예계에서 믿고 의지할 수 있는 기획사가 중요한데 YG는 아티스트들에게 활동 전과 활동 후까지 든든한 버팀목이 되고 있는 셈이다.

무엇보다도 YG 소속 아티스트들은 매니저의 입김에 휘둘리지 않는다. 양현석 자체가 스타였고, 방송가나 연예계 시스템에 대해 누구보다도 잘 알고 있기에 아티스트들은 단지 그들이 좋아하는 음악만 열심히 즐기기만 하면 된다. 방송 스케줄이나 연예계 활동은 아티스트들이 신경 쓰지 않아도 YG에서 양현석이 챙겨준다. 그래서 인지도를 높이기 위한 목적만으로 방송 출연을 하지 않는 것도 YG만의 장점이다.

사실, 연예계에선 연기자나 개그맨 등 대부분의 연예인들은 PD들이나 방송국 눈치를 보고 방송 출연을 하게 되는 일이 잦다. 몸은 극도로 피곤하고 스케줄이 빡빡한데도 방송 출연을 요청하는 PD나 방송국을 무시하고 마냥 거절할 수 없기 때문이다. 그래서 밤 11시에 시작하는 녹화, 새벽 3시까지 이어지는 녹화 등처럼 밤낮을 구분하지 않고 일하게 되는 연예인들이 대다수다.

가수들도 마찬가지로 방송국의 요청에 스케줄을 잡게 되는 일이 생길 수 있다. 음악 프로그램이나 예능 프로그램 등처럼 대중들에게 얼굴을 알릴 수 있는 기회가 방송을 통해서 이뤄지는 일이 대부분이므로 신인이건 스타건 간에 방송국의 영향력을 무시할 순 없어서다.

하지만 YG는 아티스트가 원하지 않는 스케줄은 약속하지 않는다. 최고의 무대를 위한 소속 아티스트들의 컨디션을 배려해 주기 위함이다. 그 이유는 '즐기는 것'의 바탕이 '자유로움'에서 시작되고 '자발적인 즐거움', 그러니까 아티스트 스스로 즐거워야 최고의 무대가 나온다는 얘기가 된다.

아티스트가 무대 하나를 마치고 다음 무대를 가지려면 최소한 1주일 이상이 필요한데, 그 이유는 의상도 정해야 하고, 안무와 노래, 헤어스타일이나 콘셉트를 정해야 하기 때문이라고 하는 양현석이다. 그가 스스로 아티스들에게 '무대 위에서 즐겨라'고 하는 만큼 아티스트들은 진짜 즐길 수 있는 무대를 위해 평소 쉬고 싶다면 쉴 수 있는 재충전의 여유가 주어진다.

그래서 YG에서는 스타를 만드는 게 아니라 스타만 살아남을 수 있다는 걸 가르친다고 말할 수 있다. 다른 기획사들은 가능성 있는 신인을 데려다가 스타성을 입히고 이미지를 만들어서 방송이나 각종 행사에 얼굴부터 알리기를 시작하지만, YG에서는 스타성이 있는 신인을 발굴해서 그들이 스스로 스타가 될 때까지 기다려주는 식이다. 스타성을 갖춘 신인들이 모인 YG에서 내부 경쟁을 통해 살아남아 데뷔하기가 어려운 이유다.

자신의 스타성을 스스로 키울 수 있는 사람만 살아남는다.

양현석이 소속 아티스트들과 일정 격을 두고 식사 자리를 같이 하는 일이 거의 없다는 것과 빅뱅의 데뷔 이후 빅뱅과 양현석이 술자리를 같이 한 횟수 역시 한 손에 꼽는다는 걸 보면 알게 된다. 매니저들이 아티스트들을 컨트롤할 수 있게 하기 위해 회사에 무서운 존재가 되기로 했다는 양현석의 말은 자신을 낮추는 겸손일 따름이다. 양현석은 오히려 그 자신의 정 많고 따뜻한 인간성을 잘 알기에 행여 가깝게 지내는 아티스트들이 생기면 일을 제대로 할 수 없을 것이란 사실을 잘 알고 있다. 그래서 되도록 일정 거리를 두려는 자구책일 뿐이다.

05 양현석의 사랑 이야기

'이은주, 양유진'

양현석의 오른팔엔 그가 사랑하는 아내와 딸 이름이 문신으로 새겨져 있다. 자신과 결혼해 준 아내에 대한 결혼선물이었다.

"정말 아무도 몰랐어요. 그래서 지금 아내에게 너무 잘해주고 있어요. 9년간 단 한 번도 커피숍에 간 적이 없거든요. 손잡고 다닌 적도 없고 단 둘이 영화 관람도 못해 봤어요."

2010년 이은주와 결혼 발표와 동시에 혼인신고를 한 양현석이 밝히는 결혼에 이르기까지의 기억이다. 물론, 앞서 밝혔듯이 필자를 포함해서 일부 연예 관계자들 사이에선 양현석과 이은주가 연인이라는 사실을 일찍이 눈치채고 있었기에 '결혼 날짜'가 궁금

했을 뿐이었지만, 정작 YG엔터테인먼트에서는 그런 사실을 전혀 몰랐다.

양현석이 와이프를 처음 보게 된 계기는 젝스키스 멤버로 활동하던 이재진의 집을 보여 주는 방송에서 설거지를 하던 어린 이은주를 스쳐 지나가며 봤던 순간이었다.

그 후 양현석이 이은주를 만난 시점은 1997년에 이은주가 YG에 들어와서 연습생 생활을 시작하던 시기였다. 양현석은 방송에서 본 이은주를 자신의 회사에서 만나게 되면서 결국 1999년경부터 혼자만 남모르게 짝사랑하다가 스위티swi.T 활동을 마치던 2002년부터 연애를 시작했다고 고백했다.

기획사 대표가 소속 가수를 사랑한다는 건 금지된 사랑이라고 여기던 양현석이었기에 고백을 할 용기도 없었던 상황에서 '사귀자'는 이야기는 더욱 꺼낼 수가 없었다. 양현석은 스스로도 머리와 가슴 사이에서 고민이 많았다고 한다.

그렇게 지내온 3년 동안 가까운 곳에서 남모르게 이은주를 보던 양현석은 결국 전화로 고백하고, 이은주 역시 마음을 열어 연인 사이로 발전하게 되었다. 양현석은 아내와의 만남과 연애, 결혼에 이르기까지의 과정에 대해 '결코 잘한 일은 아니'라고 말한다. 그리고 사귀는 9년 동안 변변한 데이트조차 해보지 못했던 게 아내에게 너무 미안해서 결혼생활을 하면서는 잘해 주려고 노력한다는 이야기도 덧붙였다.

우연히 TV에서 본 이은주와의 첫 만남에서부터 1997년 기획사의 대표와 소속 연습생으로 다시 만나 결혼하기까지 14년이란 시간이 흘렀다. 그리고 3년 동안 짝사랑만 하다가 사귀자고 말한 시점은 2002년이었고, 결혼을 하게 된 시점은 2010년이니, 여자친구를 처음 사귀기 시작하던 순간부터 치자면 현재의 아내를 만나기까지 무려 19년이 걸린 셈이다. 사랑하는 아내를 만나서 결혼하기까지 20년 가까이 걸렸다는 것만 보더라도 양현석의 사람 보는 마음이 어떤지 익히 이해하고도 남는다.

그런데 양현석은 이은주와의 결혼을 하면서 혼인신고만 했을 뿐 결혼식은 치르지 않았다. 그 이유는 양현석이 서태지와 했던 약속 때문이기도 했고, 남 앞에 서서 보이는 행사 같은 것을 왜 하는지 제일 창피하게 여기는 양현석 성격 덕분이기도 했다.

하지만 양현석은 성격 탓이라고 해도 아내인 이은주는 여자로서 단 한 번뿐인 결혼식을 원했을 수도 있었을 것이다. 하지만 아내 역시 남편의 생각을 따라 결혼식을 하지 않았고, 웨딩 촬영으로 만족했다니 두 남녀가 천생연분이었던 게 맞다고 할 수 있겠다. 그렇게 시간이 흘러 2014년, 양현석은 양유진, 양승현 남매와 아내를 둔 아빠이자 남편이 되었다.

양현석의 결혼생활

결혼생활에 대해 양현석은 성격이 가장 잘 맞는 아내를 만났음을 인정한다. 부부 사이에 싸움이나 논쟁 같은 것도 없이 잘살고 있다고 이야기하며 결혼을 한 것에 대해 행복하고 결혼을 잘했다는 생각이 든다고 말한다.

결혼과 함께 양현석의 여러 모습이 알려지기도 했다. 회사에서는 엄한 프로듀서이자 선배이지만 집에서는 한없이 자상한 아빠이자 남편이 된다는 이야기도 전해진다. 아티스트들과는 같이 식사를 할 기회도 좀체 갖지 않지만 임신한 아내를 위해서 식사를 차리기도 하고 설거지 역시 양현석이 모두 담당한다는 사실이다.

한편, 양현석은 아내와 사귀는 동안 회사에 비밀로 한 이유에 대해 말하길, 만약 양현석이랑 이은주가 사귀는 게 회사 내에서 알려졌다면 아내가 만나는 모든 사람이 이은주를 이은주로 안 보고 다르게 대할 게 뻔해서였다고 말한다. 오빠 동생으로 친하게 지내던 사이들이었는데 이은주가 양현석과 사귄다는 걸 알면 사장님의 아내 되실 분이란 생각을 하고 다르게 대할까 봐 그랬다는 이야기다.

그래서 양현석은 만약에 누가 앞으로 사내 연애를 하겠다고 해도 금지는 안 하겠지만 가급적이면 안 했으면 하는 게 바람이다. 누가 사내 연애를 한다고 해도 양현석 본인은 하지 말라고 말할 자격이 없다고 말한다. 그리고 양현석이 스스로 일에 대해선 오점을 남겼다고 생각한다는 말도 덧붙였다.

한 가지 재미있는 점은 양현석이 노래 고르는 감각과 아내 고르는 감각의 차이다. 아내를 만나고 나서도 3년 동안 짝사랑만 하고, 사귀기 시작한 지 9년 만에 결혼을 결심한 사람에게서 엿보는 '신중한 성격'의 양현석과 대비되는 게 바로 '될 만한 노래' 고르는 양현석의 감각이다.

'가족'은 오래 두고 보고 고르지만 '노래'는 타고난 감각으로 순식간에 짚어낸다고 할까? 양현석만의 노래 감각에 대해 빅뱅의 지드래곤 역시 믿기 힘든 순간들을 고백했을 때가 있다.

'양현석 사장님, 이 분은 뭐지?'

지드래곤이 양현석에게 가진 궁금증이었다. 양현석은 그가 가져온 곡들을 들을 때에는 말을 안 하고 가만히 듣다가 눈을 몇 번 굴리고는 어떤 곡을 선택해야 하며, 언제 앨범을 출시할 것인지 시기까지 정해줬다고 한다. 지드래곤이 쓴 곡이 수십 곡이나 수백

곡이 될지라도 모두 모아두고 추려내곤 했으며, 어떤 곡은 1초도 안 들을 때가 있다고 이야기한다. 계산적으로 어떤 곡을 고른다기보다는 '이거 느낌 좋다' 식으로 고르는데, 그 곡이 인기곡이 되는 건 물론이었다.

가령, 지드래곤이 솔로곡으로 만들었던 '거짓말'이란 노래를 양현석이 '빅뱅 곡'으로 선택했을 때가 있었는데 결국 그 노래가 대박이 났던 경우다. 자세히 말하자면 이렇다. 양현석이 외국에 있을 때였다. 지드래곤이 메일로 양현석에게 곡을 보내자 5분도 채 안 되어서 양현석이 지드래곤을 찾았다. 그리고 그가 한 말은 "이거다, 이거, 진짜 미안한데, 솔로 곡 접고 빅뱅 곡으로 가자. 타이틀이다."라고 했는 것이다. 음악에 있어서는 탁월한 감각을 지닌 양현석임을 재확인시켜 주는 일화 중의 하나다.

그리고 양현석은 말한다.

"인생은 항상 사다리에요. 사다리 타기에서 한 줄을 어떻게 긋느냐에 따라 결과가 달라지듯이 어떤 사람을 만나는가에 따라 인생이 바뀔 수도 있어요. 그러니까 자신에게 도움이 되는 사람을 만나야 해요."

이처럼 사람과 사람 사이의 만남을 무엇보다도 소중히 여기는 양현석, 그가 선택한 아내이기에 두 사람 모두에게 행복이 함께 하기를 모든 사람들이 바란다. YG의 아티스트들뿐 아니라 양현석과 그를 예전부터 알고 있던 모든 사람들이 바라는 바다.

한편, 양현석과 이은주의 오빠 이재진과의 데뷔 전 모습은 어땠을까?

1979년생인 이재진은 1997년 1집 앨범 '학원별곡'을 내며 젝스키스 멤버로 데뷔하였는데 랩과 안무를 담당하며 2000년도까지 활동했다.

한번은, 이재진이 데뷔하기 전 가수지망생 시절 춤을 잘 춘다는 이야기를 듣고 양현석이 만나보자고 부른 적이 있었다.

그의 춤을 본 양현석은 이재진에게 말해주길 춤을 제대로 추려면 앞으로 10년은 더 춰야겠다고 말했다고 한다. 만약 이때 양현석이 이재진의 동생인 이은주와 결혼을 하게 되고, 이재진이 처남이 될 거란 사실을 미리 알았다면 어떤 이야기를 해줬을까?

02

양현석의 음악 이야기

01 너답게 유쾌하게 즐겨라!

"코빅2에서 저를 흉내 내고 있는 영상을 찾아봤습니다. 기분 나쁘거나 그런 것은 전혀 없고 내용이 너무 재밌으며 개그맨 분들이 저와 YG에 관심을 가져주신 것에 대해 감사드립니다."

tvN 코미디 빅리그코빅2에서 '양꾼기획'을 진행하는 개그맨 김민수, 유남석, 이종수들에게 전하는 양현석의 인사다.

언뜻 생각하면 양현석은 자신을 희화화해서 개그의 소재로 삼고 있는 개그 방송에 대해서도 '답게'와 '유쾌하게'를 실천하듯 재미있다는 답변을 보냈다. 그 소재 자체가 음악 만들기에서 열심히 살아가는 양현석에 대한 이야기였기 때문일까? 양현석은 남에게 비춰진 자신의 이미지에 대해 '답게', '유쾌하게' 즐길 줄 아는 남자다. 그리고 양현석은 즐기는 게 무엇인지 아는 사람이다. K팝스타 무대에 오른 참가자들에게도 똑같은 이야기를 건넨다.

"너무 열심히 연습해서 이 자리까지 왔으니까 이젠 즐겼으면 좋겠어요."

SBS K팝스타 방송에서 참가자로 출연한 '퍼스트원'에게 건네는 양현석의 이야기였다. 1차에 이어 2차에 재도전하는 그들에게 진심 어린 조언이었다.

양현석이 생각하는 음악音樂은 즐거움을 공감하고 슬픔을 보듬어줄 수 있는 것이지 공부해야 하는 음학音學이 아니라고 했다. 1회 방송에 출연한 '피터 한'에게는 목소리도 달콤하고 노래를 부르는 무대에서 자세도 좋다는 조언을 건넸으며, 2회 방송에 출연한 류지수에게는 양현석이 일하면서 가장 보람될 때는 사람들을 행복하게 만들 때라는 이야기도 남겨줬다. 류지수가 가수가 되려는 간절함 때문에 무대를 즐기지 못하는 모습을 본 그가 건넨 말이다.

양현석이 SBS K팝스타 심사위원으로 참여하면서 그가 얻는 것은 가수가 되기 위해 무대에 서는 아마추어를 보고 그들에게 기회를 주면서 그들이 행복해하는 모습을 보는 것 아닐까?

K팝스타를 통해 유명세를 얻은 백아연에게는 진지한 얼굴로 물어보기를 "도대체 백아연이 모자란 게 뭘까 고민해 봤어요. 아연 씨 앞니가 귀엽게 튀어나왔네요. 나중에 치아 교정만 하면 완벽할 것 같아요."라는 우스개로 긴장된 분위기를 즐거운 무대로 바꿔주기도 했다.

그리고 2차 생방송에서 다시 만난 백아연은 1차에서 김범수의 '보고싶다'를 부른 후에 조성모의 '아시나요'를 불렀는데, 양현석은 이때 백아연에게 말해주기를 참기름을 발라놓은 느낌의 목소리라며 너무 예쁘다는 말도 잊지 않았다. 캐스팅되느냐 마느냐를 놓고 치열하게 겨루는 오디션 무대이지만, 결과에 상관없이 현재의 무대를 맘껏 즐기라는 양현석 스타일의 조언이었다. K팝스타를 양현석이 즐기는 방법이기도 했다.

가수 이승철의 '소녀시대' 노래를 안무를 섞어 댄스곡으로 노래한 윤현상에게는 매운 걸 먹고 싶었던 양현석에게 청양고추 같은 무대였다는 칭찬을 건네기도 했다.

왜 음악 심사평이 다 음식일까? 양현석이 참가자들에게 건네는 심사평이자 조언들 중에는 음식의 맛에 비유한 경우가 종종 있는데 그 이유는 노래의 '맛'을 설명하기 위해서였다.

예를 들어 2012년 4월 1일 방송에 출연한 이미쉘에게 심사평을 해주면서 김치찌개에 비유를 했는데, 맛은 있지만 오랜 세월의 진한 손맛에서 우러나는 진한 맛이 없기에 굳이 가서 먹을 필요는 없는 것 같은 5성급 호텔 식당에서 파는 김치찌개 같다는 비유도 했다. 양현석의 비유는 때로 숙성을 해야 하는 김치에 비유되기도 한다. 현재도 맛있는 김치이지만 앞으로 1년 뒤가 더 기대된다는 이야기를 하듯이 말이다.

한류 스타인 배용준이 "프로는 소리가 나지 않는다."라는 말을 한 적이 있다. 양현석에게 제대로 느껴지는 비유가 아닐까?

연애를 하더라도 한 여자를 10년은 만나는 남자, YG 연습생이 오더라도 구체적인 날짜를 주며 데뷔를 기약하지 않는 사람, 아티스트들의 뮤직비디오, 패션 스타일, 노래 톤, 안무 스타일 등의 모든 것을 프로듀싱하면서도 정작 그들이 스타가 된 이후에는 철저하게 뒤로 물러서며 아티스트인 그들의 스타성만 강조하고 칭찬하는 사람이다.

서태지와 아이들 멤버로 톱스타 자리에 올라섰던 양현석은 이후에 솔로 곡으로도 스타의 자리를 재확인하지만, 그 이후에는 오로지 프로듀서의 길만 걸어가며 '여러 가지를 잘해낼 재주가 없다'며 남들 앞에 나서기를 사양하는 사람이다. 그가 프로듀서가 된 이유도 서태지와 아이들 은퇴 이후에 자신이 잘할 수 있는 일을 찾다가 '아티스트를 빛내 주는 일'이 재미있을 것 같아서였다고 말하는 남자다.

자기가 잘할 수 있을 것 같고, 스스로도 재미있을 것 같아 시작하고 전념했던 프로듀서로서의 양현석은 지누션, 세븐, 원타임,

그리고 빅뱅과 투애니원을 필두로, 가수 싸이의 재기까지 완벽하게 성공을 이뤄내며 대한민국 최고의 프로듀서로 인정받기에 이른다.

이런 그가 YG의 아티스트들을 대할 때는 엄격한 선배로서 조언을 아끼지 않는데, 이 경우에도 못하는 사람을 혼내기보다는 잘하는 사람을 칭찬하는 방식을 사용한다. 연습생들을 지켜보며 3개월에 한 번쯤은 "실력이 늘었구나."라고 이야기해 주는 단 한마디가 연습생들에게는 큰 격려가 된다는 걸 누구보다도 잘 알기 때문이다.

그래서 '너답게 유쾌하게 즐겨라'는 말은 YG 소속 아티스트들뿐 아니라 양현석 본인에게 하는 말이기도 하다. 그가 걸어온 길에 지나온 기록을 보면 양현석이 지금까지 얼마나 열심히 '즐기고' 있는지 알게 된다.

우선 양현석이 서태지와 아이들 시절에 벌어들인 수입은 부모님께 집을 사드리고, 일부는 또 쓰고, 그래서 남은 돈이 없다는 사

실에서 시작해 보자. 양현석은 얼마 없는 돈으로 1996년 제작자
가 되어 '킵식스'를 선보였는데 곧바로 망하고, 이어서 양군기획
을 설립하기에 이른다.

다시 일을 하기 위해 홍대 근처에 사무실을 두고 싶었는데 아
는 레코드회사 사장님의 도움으로 다른 기획사 사무실 한편에 방
을 얻어서 시작한 게 오늘의 YG엔터테인먼트다. 1996년부터 양
현석은 현기획이란 이름을 쓰다가 양군기획으로, 그리고 최종적
으로 YG엔터테인먼트로 상호를 정해 지금까지 이어오고 있다.

양현석의 첫 작품은 지누션이었다. '말해줘'란 곡이 히트를 하
면서 당시 사용하던 사무실 한편 공간을 확대해서 지하실 전체를
쓰기 시작했다. 그리고 원타임이 히트하면서 같은 건물 2층을 얻
어 쓰게 되었다. YG가 성장하면서도 그 건물은 여전히 연습생들

| 지누션의 '말해줘'

의 연습실로 이용하며 떠나지 않고 있다.

누가 보더라도 예쁜 건물 YG 사옥을 만들기 전, 양현석의 바람은 은행 이자만으로 앨범을 내고 음악을 만들고 싶은데 현실적으로 불가능하다는 걸 알았다고 했다. 그래서 준비한 YG 사옥 역시 양현석이 돈이 많아서 샀다기보다는 다 빚으로 산 것이고 건물로 생긴 빚을 본인이 갚아가는 이유도 YG에 피해를 주고 싶지 않다는 양현석의 마음뿐이라고 했다.

YG 사옥 건물을 개인 돈으로 산 이유도 회사 돈으로 건물이나 땅을 사기엔 힘들었던 이유였으며, 회사에서 출시한 앨범이 하나만 망가지더라도 회사가 휘청거리고 두 개 망가지면 문을 닫는 상황이 벌어지기에 그랬다는 고백을 한다. 그래서 YG 사옥은 양현석이 좋아하는 음악을 오래 하기 위한 투자인 셈이다. 어떠한 경우에도 YG를 지키고자 하는 마음이기도 했다.

그럼, 양현석은 돈이 없으면서도 어떻게 YG 사옥을 세울 수 있었을까? 그 시작점은 양현석이 부동산에 관심을 갖기 시작했을 때부터였다. 출근길에 회사에 오려면 우회전을 해야 했는데 어느 날엔 운명처럼 좌회전을 하면서 첫 번째 보이는 부동산으로 들어갔던 기억이 부동산 공부를 시작한 첫날이라고 했다. 그날부터 일요일만 빼고 8년 동안 매일 그 부동산에 다니면서 매일 점심으로

3,500원짜리 김치찌개만 먹기도 했지만 노력을 멈추진 않았다. 그때 배운 부동산 지식으로 투자하고 돈을 모아서 YG 사옥을 지은 것이 된다.

양현석이 미래에 대한 투자가 중요하다는 생각을 하게 된 시점은 아마도 서태지와 아이들로서 활동하다가 팀을 해체하는 시기부터라고 봐야 한다. 양현석이 서태지와 아이들 멤버로 활동을 그만두고 무슨 일을 할까 고민하던 시기에 스스로에게 물었다.

'도대체 나는 뭘까?'

양현석이 생각하기에도 양현석은 '가수'가 아니었다. 다만, 그 당시 가장 아쉬웠던 게 있었는데 가수에게 담당 스타일 리스트조차 없어서 힘들던 것이며, 아티스트를 빛낼 수 있는 전문 인력이 필요하겠다는 생각이 들면서 양현석이 하면 잘하겠다는 생각이 들었다고 기억했다. 양현석답게 즐길 수 있는 일을 찾는 순간이었다.

시간이 흘러, 빅뱅이나 투애니원이 데뷔를 하고 성공을 할 때도 그건 오로지 그들이 잘해서라고 생각한다. 양현석은 그 이유로 '그들이 양현석보다 노래를 잘하기 때문'이라고 말한다.

'아티스트를 빛낼 전문 인력'이 되겠다고 했던 자신의 꿈을 이

| 투애니원2NE1의 '내가 제일 잘 나가' 뮤비

뭐서일까? 양현석은 그들보다 노래를 잘하지 못하기에 빅뱅이나 투애니원을 양현석이 키웠다고 말할 '자격'이 없다고 말하는 남자다. 만약 양현석이 YG 소속 아티스트들을 가르치려고 했다면, 그건 다양하지 않고 오히려 '획일적인 음악'이었을 뿐이라고 겸손해한다.

가령 이런 식이다.

투애니원 앨범을 낼 때도 양현석은 직접 작곡하거나 작사를 하는 게 아니라 듣고 조언하는 역할을 했다. 투애니원 앨범을 앞두고 조금 더 센 노래를 넣자는 얘기를 했는데, 여러 번 시도를 거치면서도 마음에 드는 노래가 나오지 않았다. 양현석은 될 때까지

해 보자는 마음으로 녹음실에 가서 드러누웠고 기다리다 지쳐서 잠이 들었는데 다음 날 일어나 봤더니 기가 막히게 좋은 노래가 나온 걸 듣게 되었다.

이 노래 좋다고 대박이라고 말했더니 프로듀서가 양현석에게 '형이 이거 하라'고 해서 했다고 대답을 하더란다. 양현석이 잠결에 노래를 들어 보더니 '이거 좋다'는 이야기를 했다는 애기다. 투애니원의 히트곡 '내가 제일 잘 나가'란 곡이 탄생하게 된 히스토리다.

02 단점도 개성이다

K팝스타를 통해 만나는 신인들이 많아질수록 양현석은 따뜻한 조언을 더 많이 해준다. 자칫 무대에서 긴장하다가 자신의 제 실력을 제대로 발휘하지 못할까 봐 양현석이 나서서 농담을 던져주며 긴장을 풀어주려고도 애쓴다. 너무 긴장한 탓에 첫 음을 잡지 못한 참가자 대신 양현석이 노래를 불러 첫 음을 잡도록 해줬다는 사실은 많은 사람에게 회자되었다.

"원미닛 잘했어요. 솔직히 안 떨었고, 큰 실수 없었고, 가장 자신 있었어요. 제겐 TOP 11입니다."

SBS K팝스타 12회 방송 '배틀오디션'에서 치열한 경합 끝에 탈락한 '원미닛'팀을 향해 양현석이 건네준 말이다.

"매번 무대에 변신해서 올라오고…… 카멜레온 같아요. 노래를 잘하는데 누구니? 진짜 색이 뭐니? 라는 말이 떠올라요. 본인의 색을 꺼내야 할 것 같아요."

이번엔 SBS K팝스타 11회 방송이었다. 한희준에게 그가 부족한 부분을 조언해 주는 양현석의 모습이 방송에 비춰졌다. 단점도 개성이니 만큼 단점을 없애려고 애쓰는 대신 장점을 키우라는 양현석의 말이 고스란히 드러나는 모습들이다.

그리고 양현석은 함께 하는 아티스트를 위해 자신이 할 수 있는 모든 힘을 보탠다. 2010년 '싸이'를 데려오며 2012년 앨범을 내는 중에도 리쌍, 신승훈, 박정현, 윤도훈 등의 쟁쟁한 실력파 가수들과 함께 피처링 작업을 통해 세상에 내보내 주었던 것처럼 '타블로'를 향한 그의 애정도 다를 바 없다.

K팝스타 시즌 2에서 양현석은 '악동뮤지션'을 통해 '타블로'를 세상 밖으로 꺼내주었다. 캐나다에 살던 타블로, 스탠퍼드 대학교에서 학업 경력 등에서 검증된 영어 실력뿐 아니라, 아이튠즈를 통해 입증된 타블로의 실력 때문이 아닐까? 아티스트 타블로의 실력은 누가 뭐래도 인정받은 게 사실이기에 양현석의 판단은 틀리지 않았으리라 여겨진다. 특히 세계 시장 진출에 매진할 때이므

로 영어 실력이 되는 아티스트들을 전면에 내세워야 할 필요도 있을 것으로 생각되지만 말이다.

단점도 개성이다

"오디션을 볼 때 가장 중요한 것은 탁월한 재능이지만, 저는 숨어 있는 잠재성을 봐요. 빅뱅의 대성의 경우도 처음 나왔을 때, 사람들이 '쟤는 정말 노래를 잘하는가 보다.'라고 했어요. 주위의 반대도 있었지만 저는 대성의 웃는 표정이 정말 매력적이라고 생각했어요. 모든 사람을 기분 좋게 대하는 감성이 보였거든요."

양현석이 생각하는 장점의 기준은 그 사람만의 개성을 말한다. 단점도 개성이므로 장점을 부각시키라는 이야기는 "잘하는 것에 집중하라."라는 말이 된다. 안 되는 것을 애쓰며 좌절감만 키우기보다는 잘할 수 있는 것에만 집중해서 더 큰 결과를 얻으라는 얘기와 같다. 단점과 장점은 그래서 잘하는 것과 못하는 것이란 뜻이 되고, 외모 중에서 개성이기도 하다.

양현석이 말하는 단점과 장점이란 '각자 잘할 수 있는 일에 집중하는 것'이기도 하다. 잘할 수 있는 일이란 스스로 알고 있는 것이기도 하고, 주위 사람들이 판단해 주는 일이기도 하다.

"서태지와 아이들로 활동하는 동안 서태지와 갈등이 없었던 것은 역할이 명확했기 때문이었어요. 서태지가 음악을 담당했다면, 저는 음악에 맞는 안무와 패션, 스타일을 담당했기 때문에 부딪칠 일이 없었죠. 지금도 마찬가지예요. YG에서 제가 할 일은 프로듀서들이 음악을 만들 수 있는 환경을 만들어 주고 춤, 패션, 스타일에 대한 지침을 주는 것이에요."

양현석의 말에서 단점 대신 장점에 집중해야 한다는 생각은 서태지와 아이들 시절에도 적용되던 걸 알 수 있다. 각자가 가장 잘할 수 있는 일에 집중해야만 전체적으로 시너지 효과가 나고 발전할 수 있는 원동력이 된다는 것 아닐까?

양현석의 생각은 YG에서도 여전히 적용되는 중이다.

지누션으로 활동했던 '김진우'는 미국에서 살았던 시간 덕에 영어를 잘하면서 사교성도 좋아 YG의 국제 홍보 업무를 담당한다는 건 알려진 사실이다. 지누션에서 '션'의 경우엔 YG에서 펼치는 'WITH 캠페인'을 담당하는데 2009년 이후부터 매출 1%를 모아서 불우이웃을 돕는 기부활동을 한다.

원타임 멤버로 활동했던 테디는 YG에서 아티스트들의 앨범 프로듀서로 활동을 이어가고 있다. 테디 역시 양현석의 말처럼 자기만의 장점을 이어가는 중이다. 그래서 아티스트들이 YG와의 관계를 끊는 경우는 거의 발생하지 않는다. 자신의 장점을 발전시킬 수 있도록 도와주는 곳이 YG인데 섣불리 YG를 벗어나려는 행동은 생각을 안 하는 게 당연한 것 아닐까?

그래서 양현석의 안목이 대단하다. 끼 넘치는 아티스트들의 저마다의 개성을 찾아내는 것도 쉬운 일은 아닌데 각자의 개성을 조합하고 배열해서 스타 그룹을 만들어내는 데 성공하기 때문이다. 양현석은 빅뱅과 같은 그룹을 자신이 키웠음에도 불구하고 각자의 개성을 존중해 주며 그들이 계속 발전할 수 있도록 돕는데 인색하지 않다.

"빅뱅의 이름과 수준에 맞는 대우를 했어요. 계약 기간을 5년 연장했지만, 부득이한 사정으로 활동을 못하게 될 경우가 있지 않겠어요? 무슨 일을 하던 기간에 다 포함시켰어요. 빅뱅 같은 팀을 다시 만들 수 있을까 생각을 해본 적이 있어요. 빅뱅처럼 한 사람 한 사람 개성과 실력을 갖춘 멤버들을 다시 모으기는 어려울 거예요. 그만큼 제작자인 저뿐만 아니라 가요계에서도 소중한 팀이에요."

빅뱅을 만들어 스타로 키워낸 프로듀서 양현석이 자신의 공은 내세우지 않고 오로지 빅뱅의 재능을 칭찬하며 그들의 앞날에 발전을 위해 아티스트 입장에서 대우해 주는 배려가 돋보인다. 빅뱅과 재계약을 하면서 양현석이 아티스트를 생각하는 마음이 드러난다. YG 소속 아티스트이기에 YG가 소유권을 주장하는 게 아니라 전적으로 아티스트 입장에서 배려해 주는 모습이다.

양현석이 없었으면 그들이 빅뱅이 될 수 있었을까?

개성이 강한 팀은 서로 모이기도 어렵지만 한 팀으로 유지되기도 어렵다. 그 모든 게 가능했던 이유는 양현석이란 걸출한 프로듀서이자 톱스타로 지냈던 선배가 있었기에 가능했을 뿐이다. 이런 사실을 모르는 바가 아니었지만 양현석은 빅뱅 멤버들을 아티스트로 배려하며 존중하고 있었다.

"애들이 연습하면서 행복해 하는 모습을 보면 즐거워요. 공개 오디션도 해봤지만 확률이 떨어지는데요.

차별화된 오디션을 하고 싶어서 계획 중이에요. 1대 1 오디션인데, 지원자가 인터넷으로 자료를 올리고 그 자료는 저만 보는 식이죠. 2차, 3차 관문 없이 바로 채택될 수 있다는 뜻이에요. 100명 중 한 명이라도 괜찮은 사람을 골라낼 수 있다고 생각해요. 이름이 조금 알려진 가수들은 주위를 의식해 오디션을 볼 용기를 내지 못하는데 1대 1 오디션에는 얼마든지 지원할 수 있어요."

아티스트들의 단점보다 장점을 키우는 양현석이 새로운 YG의 가족을 만나기 위해 YG의 문을 열기 시작했다는 이야기다. 지망생이나 연습생뿐 아니라 기존 가수들도 1대 1 오디션을 통해 YG의 가족이 될 수 있도록 문을 더 연다는 계획이다. 또 어떤 얼굴이 YG의 가족이 될지 기대되는 대목이다.

이렇듯 양현석은 단점보다 장점을 보는데 익숙하다. 그리고 아티스트들은 YG에서 자신만의 장점을 발전시킨다. 그들이 스스로를 단련하고 재능을 개발하는데 노력할 수 있는 것은 YG에 갖춰진 지원 시스템 덕분이기도 하다.

"윌아이엠, 퀸시존스 등이 YG 사무실을 방문할 때 YG 프로듀서들과 얘기를 나눌 기회가 많아요. 특히 윌아이엠은 미국에도 보기 힘든 스튜디오 장비, 시설이라며 칭찬했어요. 짧은 일정 중에도 하루 5시간 넘게 머물다 갈 만큼 이곳을 좋아하죠. 투애니원 2NE1의 팬이 많은 곳이 브라질이라며 남미와 유럽 시장을 공략하라고 귀띔해준 것도 그였어요. 브라질에 공연을 갔더니 그의 말대로 팬들이 플래카드를 들고 공항에 나왔더라고요.

퀸시존스도 좋은 얘길 많이 해줬죠. 테디가 음악 작업을 하다가 부딪치는 어려움을 어떻게 극복하는지 조언을 구했는데요, 그의 말이 '음악은 하늘에서 영감이 내려와서 네 몸을 통해 음악으로 표현되는 것이지 네가 하는 게 아니다. 네가 느끼는 것을 그대로 표현해내면 된다. 좋은 생각을 하면 좋은 음악 나온다.'라고 해줬어요. 서로 대화를 많이 나눴죠. 관심사가 같으니까 즐겁게 얘기할 수 있었어요."

양현석은 단점을 장점으로 만드는데 아니, 단점을 개성으로 승화시키는데 재능을 가진 사람이다. 그가 하는 일이란 아티스트들을 믿고 기다려 주는 일이고, YG에 들어온 아티스트라면 스스로 자신의 단점을 극복할 수 있도록 기다려 준다는 뜻이다. 자신의 단점은 남이 고치라고 해도 못 고치는 것이고, 생활 패턴을 바꾸라도 해도 스스로의 노력 없인 불가능한 일이기에 그렇다.

'왜 단점을 고치라는데 안 고치냐?'라며 일일이 간섭하고 관리하려고 했다면 그 사람은 스스로 알을 깨고 나와서 병아리가 되어 보지도 못하고 알 안에 머무르고 말지도 모를 일이었다. 병아리를 보는 방법은 병아리 스스로 껍질을 깨고 나올 때까지 기다려 주거나 병아리가 알을 깨기 시작할 때 껍질을 깨는 걸 아주 조금씩 도와주는 일이다.

병아리를 보고 싶다고 해서 아직 준비도 안 된 상태인 달걀을 성급하게 깨버리면 그 안에 병아리는 밖에 나온다고 해도 병에 자주 걸리거나 건강하지 못한 상태가 된다. 그렇기에 양현석은 알에서 머문 상태의 아티스트를 세상 밖으로 꺼내 주는 방법을 아는 사람이었다. 그 스스로도 말한 바 있듯이 "서태지를 세상 밖으로 꺼내 주고 싶어도 그렇게 하면 안 될 것 같았다."라는 말처럼, 양현석이 생각하는 아티스트를 대하는 법은 그대로 지켜봐 주는 것이 제일 중요하다는 사실을 서태지와 아이들 시절부터 깨닫고 있었다.

그리고 양현석은 팀을 구성할 때도 '색깔'이라는 조합의 극대화에 중심을 뒀다. 투애니원을 구성할 때다. YG의 연습생들 중에서 투애니원2NE1 멤버를 선발하면서 최종 선발 과정까지 거쳐 현재의 씨엘, 박봄, 산다라박, 민지를 선정했다. 많은 연습생들이 있었지만 최종 멤버 선출에서 탈락한 연습생들의 아쉬움은 더 컸다.

"너는 능력이 부족한 게 아니라 색깔이 달라서 그런 거야. 울지 말고 더 열심히 하고 있으렴."

당시 YG 연습생으로 투애니원 최종 멤버 선출에서 탈락한 김보형이 사무실에 혼자 앉아 있을 때 양현석이 해준 얘기였다. 김보

| 투애니원2NE1

형은 이후에도 연습실에서 연습할 때면 양현석이 혼자 남아서 계
속 응원해줬다고 기억한다. 그렇게 김보형은 이후에도 1년 정도
더 YG에 남아서 연습하다가 소속사를 이적하고 스피카Spica로 데
뷔했다. 양현석이 YG 연습생들을 대하는 마음이 어떤지 보여주는
일화 중에 하나가 된 투애니원 멤버 선출 과정은 그래서 특별하
다. 한 명 한 명이 소중하고 양현석이 선발한 가족이기 때문이다.

그럼 투애니원은 어떤 기준으로 멤버를 선발했을까? 무엇보다
도 투애니원의 색깔을 알면 양현석이 구상하던 이미지를 알 수 있
다. YG의 여자 빅뱅으로 시작한 투애니원의 색깔은 전형적이지

않은 여자 그룹을 만들자는 게 목표였다.

가령 투애니원의 랩 '힙합쟁이'의 가사에서도 알 수 있다.

'채린 씨엘이 Crazy Lady, 봄 언니 Sexy Lady, 산다라 상큼 Lady, 공민지는 아직 Baby, 채린이 욕심쟁이, 봄 언니 엉뚱쟁이, 산다라 오버쟁이, 공민지는 말썽쟁이'

투애니원이 이야기하는 투애니원의 모습이 그들의 이미지를 그대로 설명해 준다. 여기에 추가해서 투애니원이 전형적인 여자 그룹의 모습과 닮지 않은 이유가 있는데, 힙합하는 여자 빅뱅, 최대 10년 차의 나이, 최소한의 마케팅 비용이 있었다. 기존의 상식을 깨는 도전이기도 했다. 무엇보다도, 투애니원은 양현석의 아티스트 조합 재능을 엿보는 대표적인 사례이기도 하다.

산다라박은 필리핀에서 활동하면서 검증을 받은 상태였고, 씨엘은 프랑스에서 공부하고 온 10대 여학생이었다. 공민지는 춤 하나만으로도 청중의 시선을 빼앗는 재주가 있었다. 여기까지는 보통 사람들일지라도 쉽게 이해하는 대목이었다. 필리핀 시장과 유럽 시장, 힙합그룹다운 춤 실력이 조합에 필요하다는 생각이었다.

그런데 문제는 '박봄'이었다. 1984년생으로 2009년 데뷔 당시 26세였다. 산다라박과 동갑이었지만 인지도 면에서 경쟁력이 없

| 투애니원2NE1의 박봄

었다. 성량 자체도 고음대가 뚜렷하지도 않았고 성량이 큰 것도 아니었다. 그렇다면 양현석은 왜 '박봄'을 투애니원 멤버로 캐스팅했을까?

초등학교 6학년 때 미국으로 나홀로 유학을 떠났던 박봄이 미국의 명문대학인 웨슬리 대학에 입학한 이후에, 부모님의 반대를 무릅쓰고 버클리 뮤직컬리지Berklee College of Music에 입학하여 가수의 꿈을 키우는 노력을 했다는 점이고, YG 오디션에 응시하면서 연거푸 3번이나 탈락했음에도 포기하지 않고 계속 도전해서 기어코 YG 연습생으로 어렵게 들어왔다는 점, 박봄의 허스키한 음색은 고음에서 안정감이 있고 음역대가 두텁다는 것이 한국에서 데뷔하기 힘든 조건을 다 갖췄다는 평가처럼 '데뷔하기 힘든 조건을 다 갖춘 박봄'이기에 그 모든 게 개성이자 장점이 되었다.

양현석의 재능이 여기서 실력을 발휘한다는 걸 확인하게 된다.

투애니원을 보면 공민지, 씨엘, 박봄의 음색이 서로 기가 막히게 맞아떨어진다는 사실이다. 여기에 양현석, 테디, 지드래곤이 프로듀싱을 맡아서 박봄의 노래를 만들어 주면서 세계적인 보컬리스트로 성장하는 데 큰 도움을 주게 되었다는 사실도 포함한다.

도대체 어떻게 된 일일까? 양현석이 박봄에게서 찾은 단점이 장점이 되는 순간 아닌가? 거기에 절박함을 보여준 YG 오디션 재도전 횟수와 미국 유학에서 남은 음악 공부와 영어 실력이 YG의 투애니원이 되기에 충분했다는 사실에 고개를 끄덕이게 된다.

03 예쁜 척하지 마라!

양현석은 SBS K팝스타 심사위원으로 참가하며 이하이를 캐스팅했는데 K팝스타의 우승자는 아니었다. 이하이는 2등이었다. 하지만 이 순간은 이하이나 양현석에게 인연이 되는 순간이기도 했다. YG에 왔던 이하이였지만 나중에 JYP의 박진영이 곡을 주기도 했던 만큼 박진영이 보기에도 이하이는 스타성을 갖춘 유망주였다. 하지만 당시 1등이 JYP를 선택하였기 때문에 2등을 한 이하이는 자신이 원했던 YG에 들어가는 행운이 생겼다. 방송 프로그램 규칙상 1등은 소속사를 정할 수 있다는 조항 덕분이었다.

자신이 가고 싶었던 YG에 들어온 이후 트레이닝을 받기 시작한 이하이에게 양현석은 '살을 빼자'는 이야기만 했을 뿐이었다. 그리고 2012년에 이하이의 데뷔곡 '1, 2, 3, 4' 뮤직비디오를 촬영

| 이하이 첫 데뷔곡 '1, 2, 3, 4' 앨범

할 때 양현석은 이하이에게 두 번째 조언을 건넸다.

"예쁜 척하지 마라."

카메라 앞에서 예쁘게 보이고 싶어 할 수 있는 1996년생 이하이에겐 자칫 자존심에 상처를 받을 수도 있는 이야기였다. 2012년 당시 이하이는 17세 고등학교 1학년생이었다. 하고 싶은 대로 하면서 뮤직비디오 촬영을 즐기라는 이야기도 빼놓지 않았다. 물론, 당시 이하이는 예쁜 척하지 말라는 조언에 자신은 예쁜 척하지 않았다고 말하면서도 이어지는 촬영에서 양현석의 조언을 받아들이는 모습이었다.

"왜 YG냐고요?"

한때는 자신의 목소리가 콤플렉스였다는 이하이다. 하지만 이하이는 YG의 양현석이야말로 자신의 목소리의 장점을 살려주면서 이하이만의 음악적 스타일을 찾아줄 사람이란 믿음이 들었다고 말한다. 그리고 '1, 2, 3, 4' 곡으로 데뷔한 후에 다시 생각해봐도 YG를 선택했던 게 진짜 잘한 결정이었다고 확신했다. 망설임

없이 택한 YG로 인해서 이하이에게 최고의 선택이 되었다는 말을 덧붙인다.

물론, 이하이의 고백이 아니더라도 양현석이 YG 가족을 받아들일 때 개성과 느낌, 그 사람만의 장점을 보는 것은 유명한 이야기다. 양현석이 데뷔할 팀을 만들 때는 철저하게 '색깔'을 중요하게 여긴다. 그래서 투애니원의 경우에서 보는 것처럼 개인의 능력이 뛰어나도 전체적으로 '색깔'이 안 맞으면 기회를 주지 않았다.

빅뱅의 멤버를 선정할 때도 마찬가지였다.

빅뱅 멤버를 정하던 시기였다. 일찌감치 빅뱅 멤버로 연습생 생활을 시작했던 지드래곤, 태양 외에 추가 멤버로 가장 먼저 '탑^{최승현}'에 대한 이야기가 나왔다. 하지만 당시에 '탑'의 이미지는 통통한 상태여서 '빅뱅'과는 어울리지 않았기에 양현석은 '탑'을 빅뱅의 멤버로 받아들이지 않는데, 그 이후 6개월 정도 지났을까? 탑이 양현석 앞에 다시 섰다. 살이 쏙 빠진 모습이었다.

이 모습을 본 지드래곤이 탑에게 '살이 왜 그렇게 많이 빠졌어?'라고 묻자, 탑이 말하길 '빅뱅 들어오고 싶어서 운동하고 열심히 살 뺐어.'라는 대답이 나왔다. 결국, 탑은 양현석을 다시 만난 자리에서 합격 통보를 받을 수 있었다. 양현석은 스스로 열심히 노력하는 사람에게 기회를 주는 사람이다.

사실 지드래곤과 탑은 어릴 적 같은 동네에서 살던 친구 사이였다. 탑이 나이가 더 많았긴 하지만 서로 잘 어울렸다. 그러던 사이 지드래곤이 탑에게 빅뱅 이야기를 했고, 탑은 자신의 꿈이라며 오디션에 응시를 했던 터였다. 물론, 양현석 앞에 서기 전까지 지드래곤과 탑이 데모 CD를 만들며 YG 색깔에 맞는 스타일이 나오도록 노력했던 것도 사실이었고, '탑'이 지드래곤의 추천으로 오디션을 보게 된 걸 양현석이 모르는 것도 아니었다. 양현석은 하지만 누구의 추천이란 걸 중요하게 여기는 사람이 아니었다. 오로지 그 사람의 재능과 개성이 중요했다.

"정말 눈물 날 만큼 한 요소요소가 참 맛있어요. 한 젓갈 더 먹고 싶은 박진영 심사위원의 마음이 이해가 되요"

양현석의 평가는 언제나 따뜻한 조언으로 시작된다. SBS K팝스타 7회에 출연한 '투미닛장한나, 김수현, 조윤경'에게 그들의 노래를 듣고 건넨 말이다. 투미닛이 부른 노래는 에이미 와인하우스의 'Rehab'란 곡이었다. 하지만 그건 오디션에 참가한 아마추어들에게 프로페셔널인 양현석이 말해 주는 조언일 뿐이기도 하다. 아마추어를 넘어 프로페셔널의 무대에 오르겠다는 연습생들에겐 양현석은 날카로울 만큼 철저한 조언을 건넨다.

"음식 먹을 때, 독특한데 처음 먹어 보는 맛이에요. 그런데 또 찾을지는 의문이 들어요. 독특함에 뭔가가 더해져야 할 것 같아요."

양현석이 아마추어에게 건네는 따뜻한 조언은 때로 음식의 맛에 비유되기도 한다. SBS K팝스타 8회 방송에 출연한 '썸띵'팀에게 건넨 말이다. 썸띵은 1020이란 자작곡으로 팀미션 파이널 매치에 참가했던 상황이었다.

그리고 양현석은 2012년 1월 8일 방송된 SBS K팝스타 방송에서 당시엔 오디션 방송에 참가한 아마추어였던 이하이를 보며 조언을 건넸다.

"참가자 중에 누구를 좋아하면 안 되는데, 노래를 정말 잘하네요. 원곡자 거미가 하나도 생각 안 나요."

그리고 2개월 후, K팝스타 3월 4일자 방송에서 양현석은 다시 이하이에게 말했다. 이날은 생방송이었고, 앞서 녹화방송에서 무대에 오르던 것과 달라서인지 긴장하던 이하이였다.

"왜 이름은 이하이인데 고음을 두려워하죠?"

분명 자신의 재능을 실력대로 맘껏 발휘하고 있지 못하고 긴장하고 있던 이하이를 아끼는 마음에서 건넨 이야기였다. 가끔은 썰

렁한 농담으로, 또 다른 순간엔 엄격한 조언으로 아티스트들에게 건네는 양현석의 조언은 그들의 피부에 와 닿는 핵심이기도 했다.

때로는 엄격하게, 또는 따뜻하게 조언하는 양현석에게 아티스트들이 순응하고 따르는 이유가 뭘까? 저마다의 기가 세고 개성 넘치는 이들이기에 때로는 양현석의 조언일지라도 거부감을 가질만한 것도 사실이었다. 하지만 YG의 아티스트들은 대부분 양현석의 조언에 따르고 충고를 받아들이는 모습이다. 왜 그럴까?

그 이유는 멀리서 찾을 필요도 없이 가수 싸이를 대하는 양현석의 태도만 보더라도 쉽게 이해가 된다. YG에 들어와서 '강남스타일'이라는 노래 한 곡으로 세계 음악시장을 평정하며 국내외를 넘나드는 인기와 유명세를 얻은 싸이이지만 양현석은 여전히 싸이를 지켜보며 기다려줄 뿐이었다. 싸이가 싫어하는 것을 시키지도 않고, 싸이가 하고 싶은 대로 그냥 두는 '방치'를 하는 중이다.

싸이를 활용해서 광고를 더 찍거나 행사에 더 나가자는 이야기도 없다. 양현석은 싸이에게 필요한 부분만을 지적해줄 뿐이고 나머지는 싸이가 하고자 하는 대로 지켜보며 따라줄 뿐이었다. 이 모습을 보는 다른 아티스트들 역시 양현석의 모습에서 자신들을 상품으로 보지 않고 아티스트로 대해 주는 진정성을 보게 된다.

"승리가 음주운전을 할까 봐 승리에게 음주운전을 하지 말라는 얘기를 툭툭 던져줘요. 그런데 제가 음주운전을 한 번이라도 한 걸 주변 사람들에게 보여줬다면 승리도 뒤돌아서서 저를 욕할 거예요."

양현석 스스로도 지키는 선을 분명히 한다는 이야기였다. 양현석이 지키는 선이 있기 때문에 아티스트들이 잘못했을 때 혼낼 수 있는 위치가 된다고 말했다. 만약 양현석 스스로 떳떳하지 않다면 다른 누구에게라도 어떤 말을 하건 설득력이 없을 것이라는 말도 덧붙였다.

YG에 들어온 이후 살을 빼자는 양현석의 조언에 다이어트 식단을 지키면서 유산소 운동을 함께 했다는 이하이였다. 뮤직비디오를 촬영할 때 더욱 예뻐진 이하이를 보게 된 결과다. 하지만 카메라를 지나치게 의식하다 보면 이하이의 실력이 제대로 나오지 않을까 걱정했던 것일까? 양현석은 뮤직비디오 촬영장에서 메이크업을 받는 이하이를 보며 바로 뒤 소파에 앉아 미소를 머금은 얼굴로 '하고 싶은 대로 하고, 예쁜 척은 하지 말라'고 말해줄 뿐이었다.

그런데 사실 YG에서는 얼굴을 안 본다는 이야기가 자주 들린다. 양현석이 의도한 것일까? 얼굴이 잘생기고 예쁜 사람들은 상대적으로 노력을 덜 한다는 이야기도 있지만, 왜 YG에서 얼굴을 안 본다는 소문이 난 것일까? 양현석은 이에 대해 외모보다는 매력을 본다고 이야기한다.

양현석이 빅뱅의 대성을 처음 만났을 때도 자신을 이렇게 웃게 하는데 다른 사람들도 좋아하겠다는 생각을 했다고 했다. 본능적인 직감이었다. 처음엔 예쁘고 잘생긴 사람들일지라도 반복해서 보다 보면 별로일 때가 있다. 그러면 YG에 들어오긴 어렵다고 말한다. 빅뱅이나 투애니원처럼 시간이 갈수록 계속 새로운 매력이 나오는 게 있어야 된다는 이유였다.

양현석은 사람이 매일 좋은 날만 있을 수 없다는 걸 알기에 인생에서 어려운 일을 겪은 사람을 좋아한다. 빅뱅의 경우에도 어려운 일이 있어서 더욱 단단히 뭉칠 수 있는 계기가 되었다고 말한다. 시련을 이기면 시너지 효과가 크다는 걸 알고 있으며, 잘못을 하거나 실수를 저지른 사람은 두 번 다시 반복하지 않으면 된다고 생각해서다.

그리고 양현석이 아티스트들에게 신뢰를 받는 또 다른 이유는 아낌없는 지원 덕분이기도 하다. 혼낼 때는 따끔한 선배이기도 하지만, 아티스트들이 하고 싶은 일을 할 때는 무한정 믿고 기다려

주는 든든한 회사 대표이기 때문이다. 거기에 아티스트들이 작업할 수 있는 공간 역시 제대로 갖춰져 있기에 그렇다.

YG엔터테인먼트가 합정동 사옥으로 들어온 2011년, 양현석은 개인 재산을 다 넣는 것도 부족해서 빚을 내어 연습실도 만들고 스튜디오, 식당을 세웠다. 소속 아티스트들이 맘 놓고 작업할 수 있는 공간 환경에 신경을 써서 제대로 된 작품이 나올 수 있는 여건을 조성해 주기 위함이었다.

예쁜 여자 10명을 보는 것보다도 디자인이 예쁜 가구 하나를 보는 게 더 좋다는 양현석은 창작의 원동력이란 게 결국엔 이렇게 길러진 감각들이라고 말했다. 양현석의 말이다. YG에 가족이 될 아티스트들을 만나며 그들의 장점이 무엇인지, 개성이 무엇인지 파악하고 YG가 그들에게 어떤 일을 해줄 수 있는지 고민하는 프로듀서의 이야기이기도 하다.

그리고 음악을 한다면 다른 분야의 것들을 많이 보고 영감을 받아야만 세련된 음악을 만들 수 있을 텐데 스튜디오 작업실에만 갇혀 있으면 힘들 거라고 얘기한다. 음악은 공부가 아니라 즐거운 것인데도 마치 음악이 학문인 것처럼 한계 영역을 정해 두는 사람들을 보면 아쉬운 마음도 든다고 고백한다.

04 양현석 VS 박진영

"YO! JYP!"

박진영은 JYP에서 출시하는 앨범의 대부분 곡 내용에 '요, 제이와이피!'를 넣는다. 그리고 그가 배출한 가수들은 대부분 스타가 되었다. GOD, 비, 박지윤, 원더걸스, 미쓰에이 등의 스타가 탄생했다.

"난~ 알아요! YO! YO!"

양현석은 1992년 '난 알아요'란 곡을 서태지와 아이들이 출시하면서 '난 알아요, 요, 요'를 녹음하는 아이디어를 낸다. 양현석은 지누션, 원타임, 세븐, 빅뱅, 투애니원과 같은 스타를 배출했다. 두 남자 이야기를 하면서 '요'란 공통점을 찾자는 건 아니다. 두 남자의 같으면서 다른 스타일을 말하고자 한다.

양현석이나 박진영은 각자 하고 싶은 일을 한다. 그런데 한 사람은 자기가 앞에 서는 경향이 있고, 다른 한 사람은 스스로를 뒤에 세운다. '요'의 위치에서도 나타난다. 그런데 다시 자세히 보면, 양현석은 서태지라는 당대의 스타가 더욱 빛날 수 있도록 아이디어를 보태는 위치였던 반면에 박진영은 그 자신이 스타였다.

그래서일까? 양현석은 자기가 어떤 사람을 좋아하면 그 사람을 YG에 데려와서 빛낼 방법을 찾아준다. YG에 소속 아티스트들이 모두 양현석의 마음에 든 사람들이다. 그렇다면 언젠가 박진영을 좋아한다던 양현석이 YG에 박진영을 데려올지도 모른다는 생각을 하게 된다. 또는 YG와 JYP가 하나의 회사로 합병이라도 하는 날이 온다는 걸까? 각자의 음악을 하고 있지만 서로 다른 듯 같은 두 남자에 대한 이야기를 시작하며 작지만 다른 차이점들을 가리켜본다.

"재능 있는 친구들은 정말 많아요. 그 재능에는 기술적인 재능도 있고 타고난 '스타성'이라고 할 수 있는 느낌 그 자체를 재능으로 갖고 있는 친구들도 있어요. 기술은 연습을 통해 갈고 닦을 수 있는데요, 타고난 그 느낌은 만들어낼 수 없다고 생각해요. 짧은 시간 무대 위에서 희로애락이 담긴, 보는 이들에게 감동을 줄 수 있는 스타성을 가진 친구를 눈여겨보겠습니다."

K팝스타 심사위원 양현석의 심사 기준을 듣자 이어서 박진영이 입을 열었다. 박진영은 차세대 스타를 심사 기준으로 삼겠다는 말을 했다. 차세대 스타란 과거의 모습을 넘고, 현재 기성 가수의 모습도 모두 뛰어넘어야 할 것을 주문했다. 하얀 도화지 위에 때 묻지 않고 안 좋은 습관들이 몸에 배어 있지 않은, 자신만의 색을 가진 참가자들이 차세대 스타가 될 수 있다는 설명도 덧붙였다.

2013년 11월 24일 SBS K팝스타 3 심사위원으로 앉은 양현석과 박진영이 심사 기준을 설명하는 순간 YG와 JYP의 캐스팅 기준이 그대로 노출되었다. 그리고 시청자들과 가수 지망생들은 각자의 계획에 따라 JYP와 YG 어느 곳에 도전할지 나름의 감을 잡을 수 있었다. 하지만 양현석과 박진영은 서로에 대해 누구보다도 잘 아는 만큼 오디션 참가자들을 대할 때도 서로를 견제하는 모습을 보였다.

"자꾸 목소리를 열라고 하시는데 저는 박진영 씨가 마음을 열었으면 좋겠어요"

2012년 2월 17일 K팝스타 방송에서 심사평을 하던 양현석이 박진영에게 건넨 말이다. 서로에 대해 잘 아니까, 서로를 존중하니까 할 수 있는 대화다. 양현석은 자주 공개 석상에서도 박진영을 좋아한다고 말한다. 음악적 색깔은 다르지만 음악에 대한 생각이 같아서일까? 양현석에게 박진영이란 어떤 의미인지 두 남자 사이를 알아보자.

박진영은 1994년 1집 앨범 '블루 시티Blue City'를 통해 데뷔했고 양현석은 서태지와 아이들 멤버로 1992년에 데뷔했으므로 데뷔 연도는 양현석이 2년 더 빠르다. 하지만 2014년에 이르기까지 20년이란 오랜 시간 동안 같은 자리를 지키는 두 남자다. 물론, 양현석이 '박남정과 친구들'의 댄서 겸 안무가로 활동하던 것까지 포함한다면 1989년으로 데뷔 시기는 더 빨라진다.

그런데 이 두 남자는 공통점이 많다. 양현석과 박진영은 YG엔터테인먼트와 JYP를 이끌고 있는 프로듀서이며 가수 활동을 하였고, K팝스타에서 심사위원을 맡고 있다는 식으로 공통점이 많다. 누구보다도 서로에게 대해 잘 알고 있는 양현석과 박진영이다. 하지만 또 하나의 공통점이 있는데 일을 할 때는 서로 상대방 팀을 이기기 위해 최선을 다한다는 부분이다.

양현석과 박진영의 같은 점과 다른 점, 두 남자가 서로 가까이 지내는 가요계 동료인 동시에 일에 있어서는 상대방을 이기기 위

| 양현석왼쪽과 박진영오른쪽

해 최선을 다하는 경쟁자로서 살아온 이야기를 해 보자. 양현석이
지닌 장점과 박진영이 지닌 장점을 알 수 있다.

두 남자에 대한 간략한 소개

박진영은 현역 가수다. 1994년 데뷔한 이후 많은 가수들을 키
워냈지만 그 스스로 현역으로 무대 위에서 노래를 하는 가수다.
박지윤, 원더걸스, 비, GOD, 미쓰에이, 2PM, 2AM 등을 만들어 내
며 박진영도 그들과 함께 무대에 선다. 박진영은 작사·작곡이 가
능한 프로듀서이기도 하다.

양현석은 프로듀서다. 1992년 서태지와 아이들 멤버로 데뷔한

이후, 1996년까지 활동하는 동안 작곡을 배우기도 할 만큼 음악에 대한 열정은 남다르다. 지누션, 빅뱅, 투애니원, 세븐, 원타임 등을 키워냈으며 싸이와 강남스타일을 작업해 내면서 바야흐로 외국 음악계에 진출할 수 있는 좋은 기회를 맞이하였다.

두 남자의 스타일

박진영은 박진영 스타일의 이미지를 중시한다. 일명 JYP스타일이다. 소속 가수들의 대부분의 곡에 JYP 소리를 넣는 것으로 유명하며, 대부분의 곡 스타일이나 가수들의 춤이 박진영 스타일이란 느낌을 갖게 한다. JYP 소속 가수들이 일정 계약 기간이 종료된 후에는 대부분 독립하는 것도 특징이다.

양현석은 소속 가수들의 개성을 살리는데 고유의 이미지를 중시한다. YG스타일은 따로 없고, 소속 가수들의 이미지가 저마다 다르다는 게 특징이다. YG는 무대만을 제공하고 가수들은 스스로 성장하며 YG가 만든 무대 위에서 저마다의 아티스트로서의 재능을 선보인다. YG 가수들은 계약기간 종류 후에도 양현석 곁을 떠나지 않으며 머물기를 바란다. 가수로 활동하다가도 작곡가로, 프로듀서로 남기도 하며, 회사 홍보 일을 맡기도 한다.

두 남자의 감각

박진영은 대중이 좋아하는 걸 타고난 본능으로 알아챈다. 대중들이 박진영에게 좋아하는 이미지를 소속 가수들에게도 적용하며 JYP만의 스타일을 구축한 것도 같은 이유다. 대중들은 박진영이 노래할 때의 이미지를 좋아하고, 박진영이 말하는 것, 박진영이 입는 것, 박진영이 주장하는 것을 좋아한다. 그래서 JYP를 좋아하는 사람들은 박진영을 좋아한다고 말한다.

박진영은 자신이 원더걸스와 미국 시장에 도전하지 않았다면 JYP는 돈을 훨씬 더 많이 벌어 본인은 수백억 원대의 부자가 됐겠고, 원더걸스는 한국에서 지금보다 더 인기가 많았을 것이라고 고백했다. 그러나 박진영 스스로 말하길 본인과 원더걸스는 바보같이 말도 안 되는 도전을 하러 떠났다는 걸 숨기지 않았다.

박진영이 트위터에 남긴 이야기다. 그래서 박진영을 좋아하는 사람들은 목표를 정하고 도전하는 그를 좋아한다. 텔미, 소핫, 노바디 등을 히트시키며 원더걸스를 만들어 냈지만 상대적으로 안전한 국내 시장 대신 미래가 보장되지 않은 미국 시장에 도전한 박진영 스타일을 좋아한다.

양현석은 대중들이 좋아하는 걸 알고 있지만 대중들이 좋아하는 것만을 하진 않는다. 대중들이 좋아하는 것에 맞춰 아티스트를 데뷔시키는 게 아니라 아티스트들을 데뷔시켜 대중들이 좋아하게 만든다.

철저하게 아티스트적인 개성으로 무장할 때까지는 무대에 세우지 않으며, YG가 좋아하는 아티스트의 장점이 있더라도 데뷔를 기다리며 대중들이 YG와 같은 감성이 될 때까지 때를 기다린다. 그래서 YG에 들어가는 가수들은 들어가기도 어렵지만 데뷔하기도 어렵다는 이야기가 나온다. 대중들이 YG의 감성과 맞아떨어질 때 데뷔한다. 너무 빨라도 안 되고, 너무 늦어도 안 된다. 양현석이 이 시기를 정한다.

두 남자는 아프다?

박진영은 회사 경영자로서의 어려움을 이야기하면서, 이마 주름이 없었는데 책임져야 될 직원이 100명이 넘어가니깐 주름이 생겼다고 했다.

박진영은 아프다. 2012년 4월 30일 SBS '힐링캠프, 기쁘지 아니한가'에 출연한 그는 고민을 털어놨다. 박진영은 밤새 고민하고 꿈속에서도 같이 일하는 사람들 일로 고민하는데, '자동차'는 살아 있는 것이 아니기에 어디 가서 사고를 치지 않으므로 자동차 만드는 회사가 부럽다고 말한다. 박진영은 늘 2PM, 원더걸스가 사고를 당하거나 사고를 치진 않는지 항상 걱정해야 한다고 고백한다. 박진영이 제일 두려워하는 것은 아침에 휴대전화 문자메시지로 '긴급 연락 요망'이란 내용이 있는 경우며, 이땐 심호흡을 하고난 뒤에야 연락을 취해 본다고 말했다.

"박진영 말에 공감한 부분이 있다. 아침마다 문자 메시지를 보며 '긴급 연락 요망'에 가슴이 철렁한다고 하는데 나도 그렇다. 회사에 사람이 많아지면서 예기치 않은 사고가 생기곤 한다."

2012년 5월 21일 SBS '힐링캠프, 기쁘지 아니한가'에 출연한 양현석이 고백했다. 그 역시 아프다.

지드래곤의 대마초 흡연 사건이나 빅뱅 대성의 교통사고 같은 일들이 터져서 그 당시엔 말도 못할 만큼 정신적 충격을 받았다고 말한다. 양현석은 실제로 공황장애를 겪는 중이란 사실도 말했다. 살면서 경험할 수 있는 가장 무서운 공포라고 불리는 '공황발작'도 겪었던 때가 있었다. 양현석은 그래서 약을 계속 먹는 중이며, 아침저녁으로 꼭 한 번씩은 답답한 증상을 겪는다고 했다. 최대한 긍정적으로 생각하려고 노력하는 중이란 사실도 고백했다.

"박진영과 저는 같은 것 같으면서도 달라요. 한 달에 두세 번 정도 술을 마시는데 그럴 땐 항상 박진영에게 전화를 하거든요. 애인도 아닌데 왜 그러나 싶기까지 해요. 음악적으로 가장 잘 통하고, 믿을 수 있는 후배라서 그렇죠. 우리가 부딪히는 건 의견 마찰이라기보다 감성적인 부분이 조금 다른 거예요."

양현석은 박진영을 좋아한다. 박진영 역시 양현석과 친하지 않다면 음악적 관점에 대해 다투는 모습을 보이지도 않을 거라고 얘기한다. 물론, 양현석과 박진영이 아무리 인간적으로 아끼고 좋아해도 음악적 색깔은 다르기 때문에 의견이 같을 수는 없다고 말한다.

양현석은 한편으론 K팝스타 오디션 프로그램에 심사위원을 하면서 스케줄이 너무 바쁜 것을 알게 되고 '내가 이걸 왜 했나' 후회하기도 했다. 그리고 시즌 1 방송이 종영하고 나서 비로소 몇 개월 동안 자유롭게 지냈는데 양현석은 시즌 2 심사위원으로 다시 돌아오고야 만다. 자유롭게 살기를 좋아하고 얽매어 살기를 싫어하는 그가 K팝스타 심사위원 자리로 다시 돌아온 이유는 뭘까?

양현석은 그 이유로 '때 묻지 않은 아마추어를 만나는 프로듀서로의 행복'을 꼽았다. 새로운 아마추어를 만날 수 있다는 가능

| K팝스타 방송에서 심사하는 박진영왼쪽과 양현석오른쪽

성에 대해 기대감을 가졌다는 고백이었다.

그럼 생각해 보자. 양현석은 K팝스타 방송에서 박진영과 함께 재능을 갖춘 신인을 캐스팅하는 경쟁을 하는 중이다. 각자 누구를 선택할지 한 치의 양보도 두지 않고 경쟁하면서 JYP로 보내야 할지, YG로 데려와야 할지 끼와 재능을 갖춘 오디션 참가자들을 고르는 중이다. 과연 누가 이길까? 궁금해지는 상황이다. 오디션에서 우승하고 가수가 되는 참가자들 이야기가 아니다. 양현석이 박진영과 함께 펼쳐가는 캐스팅 경쟁의 결말이 궁금하다는 얘기다. 이 경쟁은 두 남자 중에 어느 한 쪽이 물러서지 않는 한 쉽게 멈추지 못할 게임이다.

한편, 양현석은 박진영과 함께 K팝스타에서 심사위원을 하며 오디션 참가자들을 심사하고 있지만 양현석 역시 초창기 시절 다른 사람에게 캐스팅을 받아서 댄스팀에 합류했던 경험이 있다. 양현석의 캐스팅 이야기는 1980년대 후반 잘 다니던 회사를 그만두고 이태원에 '스파크' 댄스팀에 합류했을 때 일이다. 서태지를 만나서 같이 해 보자는 제안을 받기 전이다.

당시엔 이주노, 박남정, 박철우Ref 등이 춤꾼으로 이름을 날리던 시기였는데, 박남정이 가수로 데뷔하게 되면서 이주노의 소개로 양현석은 박남정 댄스팀에 합류하게 되었다. 양현석의 소개로 서태지와 아이들에 이주노를 영입하기 전에, 이미 이주노의 소개로 박남정의 댄스팀에 영입되었던 양현석이다. 은혜를 받으면 반드시 보답하는 양현석의 성품이 이때도 드러났던 것은 아닐까?

이처럼 이주노와 양현석은 서로 사이가 좋았다. 그들의 우정은 서태지와 아이들 해체 이후에도 이어지지만, 사실 이태원에서 활동할 당시에 양현석이 가르치던 후배들을 나중에 이주노가 영턱스클럽 멤버로 영입해서 큰 성공을 하게 된 일이 생긴다.

서태지와 아이들 해체 이후에 이주노가 제작자로 나서면서 양현석이 예전에 가르치던 후배들을 '영턱스' 멤버로 만든 일이다. 양현석이 일찍이 인재들을 알아보고 가르치다가 나중에 이주노에게 제안해서 영턱스 멤버로 성공하게 하는 것, 이주노와 양현석이 박남정 댄스팀으로, 서태지와 아이들로 서로가 서로를 추천하고 영입했던 것 등이 두 남자 사이의 우정을 이야기한다.

한편으론, 양현석의 안목이 오래전부터 갖춰진 상태였다는 걸 재확인하게 된다. 이주노가 영턱스를 데뷔시켰지만 양현석이 그보다 먼저 영턱스가 될 멤버들을 선발해서 키우던 중이었기 때문이다.

05 여러 가지를 잘할 재주가 없다

"양현석 씨는 머리카락 있습니다."

2011년 11월 24일 오후 2시, 양현석이 모자를 벗지 않는 미스터리가 밝혀졌다. 그것도 20여 년 동안 음악 만들기에 같이 경쟁해 온 박진영의 입을 통해서다. SBS K팝스타 방송 프로그램 제작 발표회에서 박진영은 양현석이 항상 모자를 쓰고 다니는 이유를 공개했다. 그 이유는 다름 아닌, '바빠서'였다. 헤어스타일에 신경 쓸 시

| 모자를 항상 쓰는 양현석

간이 부족한 양현석이 택한 방법은 모자 쓰기였다.

양현석은 바쁘다. 여러 가지 일을 하는 게 아니다. 오로지 그가 잘하는 일 하나 '음악 만들기'에 집중한다. 한 가지 일만 하기에도 눈코 뜰 새 없이 바쁘게 일하다 보니 자연스럽게 헤어스타일 손질에 신경을 쓸 시간이 부족했고, 그 이후부터 모자를 쓰고 다닌다.

"정말 잘하는데 오히려 프로페셔널 해 보이는 게 마이너스가 된 것 같다. 아무래도 힙합을 좋아하다 보니까."

2009년 8월의 일이다. 당시 Mnet에서 방송하는 오디션 프로그램 '슈퍼스타 K'에 이효리와 함께 스페셜 심사위원을 맡았던 양현석이 '김현지'가 부른 가수 이소라의 '믿음'이란 노래를 듣고 꺼낸 심사평이다. 양현석은 시청자들에게 인정받을 만큼 뛰어난 노래 실력을 갖춘 김현지를 선택하는 대신 랩을 선보인 다른 출전자를 본선 진출자로 선정했다.

그런데 방송이 나간 다음에 시청자들로부터 심사 기준을 이해할 수 없다는 반응이 나오기 시작했다. 심지어 일부 시청자들은 '슈퍼스타 K 김현지 부활'을 원한다는 청원도 시작했다. 도대체 무슨 일이 있었던 걸까? 노래의 좋고 나쁨은 온전히 대중이 평가할 몫이라는 양현석인데 그날만큼은 시청자들의 반응이 양현석의 판단과 달랐던 것은 아니었을까?

정답은 양현석의 심사평 속에 있었다. "여러 가지를 잘할 재주가 없다."라는 양현석은 음악 만들기 하나에만 집중하며 오늘의 YG엔터테인먼트를 만들어낸 인물이다. 물론 보통 사람들이 생각하는 '한 가지' 일이 작곡이면 작곡, 작사면 작사 하나만 말하는 게 아니다. 양현석은 '음악'을 하고 있기에 '음악 한 가지'에 포함된 모든 일을 잘하려고 노력하는 사람이다. 작곡, 작사, 믹싱, 뮤직비디오 편집, 패션 스타일 등등 모든 것을 말한다. 양현석은 '음악' 한 가지를 말했다.

그렇다 보니 음악을 할 때 중요한 게 무엇인지, 해서 될 일과 해서는 안 될 일을 누구보다도 정확하게 아는 사람이었다. 양현석의 심사평을 보면 그 안에 '프로페셔널'처럼 보인다는 얘기가 있다. 이게 마이너스라고 했다. 도대체 무슨 뜻일까?

시간을 거슬러 1996년 1월 31일, 서태지와 아이들 해체 시점으로 가보자. 1992년에 데뷔한 서태지와 아이들이 4년간의 활동을 마치고 1996년에 해체했다. 그 이후 이주노는 제작자로, 양현석 역시 솔로 가수로 활동을 했다가 이어서 제작자로 나섰다.

그리고 양현석은 서태지와 아이들의 해체에 대해 나중에 이야기하기를 프로페셔널로 활동하던 사람들이 모인 팀이었기에 당시 '우리는 지금 그만두는 게 맞다'는 생각이 들었다고 말하던 부분이다. 양현석의 이야기에서 서태지와 아이들은 이미 프로페셔널의 생활을 경험했던 사람들이 모인 팀이었기에 그랬으며, 서태지, 이주노, 양현석 모두에게 서태지와 아이들이 '시작이자 끝이 되어야 한다고 여긴 게 아니'라서 그랬다는 고백이 있었다.

양현석이 생각하는 '프로페셔널'이란 '언제든 떠나갈 수 있는 사람'을 뜻하는 것은 아닌지 생각하는 대목이다. 오디션 프로그램에 출전한 참가자의 '프로페셔널'한 모습을 본 양현석이 생각하기를 '언제든 떠날 수 있는 사람'으로 여겼다고 가정해 보면 '탈락시킨 이유'가 이해된다. 만약 프로페셔널 하지 않고 그 사람이 어딘가 서툴지만 재능을 갖춘 사람이었다면 결과가 어땠을까?

"엄청난 가능성은 분명하지만 시청자들은 어리다는 것을 봐주지 않아요. 노래 실력이 부족해요. 춤 연습 잠깐 접어두고 노래 연습에 집중할 때인 것 같아요."

SBS K팝스타 8회 방송에서 양현석의 심사평이다. '팀미션 파이널 매치'에 등장한 이채연, 이채령 자매에게 건네는 말이었다. 앞서 심사평과 무엇이 달라졌을까? 양현석은 프로페셔널 실력을 중요하게 여기지 않고 해 보고자 하는 의욕, 지금 부족하더라도 더 나아질 수 있는 가능성을 중요하게 여긴다는 게 확인된다.

그 이유는 간단하다. 프로페셔널 실력을 갖춘 사람은 다른 사람의 조언을 받아들이지 못할 때가 많다. 어딘지 자기가 좀 부족해야만 남의 조언을 받아들이고 발전할 수 있어서다. 오디션 프로그램에서 필요한 사람은 발전 가능성이 있는 사람들이지 완벽한 실력을 갖춘 사람은 아니어야 한다.

"칭찬보다 회초리을 들어야 할 것 같아요. 노래 실력을 뽐내는 것이 아니라 곡 해석력과 가능성을 드러내야 해요."

SBS K팝스타 10회에 참가한 홍정희, 배민아에게 건네는 양현석의 심사평이다. 당시에 박정현의 '미안해'를 불렀던 두 사람에게 곡 해석이 잘못되었다고 지적하는 순간이다. 여기서 드러나는 양현석의 심사평에서 역시 '개성'과 '가능성'을 강조한 것을 확인할 수 있다.

정리해 보자. 양현석은 신인을 볼 때 '개성'을 갖고 있되 '완벽하지 않은 상태의 신인'을 선호한다는 얘기다.

완벽한 실력을 갖췄다면 그건 신인이 아니라 프로페셔널이기 때문이다. 오디션 참가를 해야 할 게 아니라 현장에서 앨범 내고 데뷔해야 할 사람이란 소리다. 신인은 신인다워야 한다는 이야기가 통하는 부분이다. YG에 모이는 연습생들부터 아티스트까지 단 한 명이라도 완벽해서 모인 사람들은 없다는 사실에 주목해야 한다. 그래서 YG엔터테인먼트를 다른 말로 'YG 패밀리'라고 부르는 이유다.

"이 쿠키처럼 그저 동그랗게만 생겼다면 절대 훌륭한 아티스트가 될 수 없다고 생각해요. 어떤 사람들은 한 부분이 잘려나가 없지만 반드시 없는 단점만큼 장점이 튀어나와 있어요."

SBS 힐링캠프에 출연한 양현석은 여러 가지를 잘할 재주가 없고, 오로지 한 가지만 잘하기 위해 노력한다는 이야기를 하며 앞에 놓인 쿠키를 예로 들었다. 양현석은 쿠키를 가리키며 사람들이 쿠키의 단점을 없애기 위해 애쓴다면 자신은 쿠키의 반대편인 튀어나온 장점을 부각시키기 위해 애쓴다는 이야기였다.

스스로를 가리켜 '소금' 같은 역할이라고 하며, 소금의 역할을 할 때 너무 많이 넣어서 짜게 하는 건 아닌지 걱정하고, 너무 적게 넣어서 싱겁게 하는 건 아닌지 걱정한다는 이야기도 잊지 않았다. 양현석이 말하는 양현석은 사람에 투자하는 투자가이며, 가능성을 가진 사람들을 믿고 기다리는 것을 잘한다는 이야기를 남겼다.

그래서일까? K팝스타를 보는 시청자들에게 이상적인 리더를

골라보라고 할 때 사람들은 주저 없이 대부분 양현석을 골랐다. 일에 대한 전문성과 사람에 대한 배려를 높이 샀다는 사람들이 많았다. 사람에 대한 배려란 그 사람의 현재를 보는 대신 그 사람이 가진 가능성을 보고 미래를 기대하는 리더의 자세이기도 했다.

물론 일을 하는 양현석은 아티스트가 노래를 녹음할 때 완성된 곡을 듣고 평가하며, 안무를 짤 때도 완성된 안무만 보고 평가를 했다. 중간이 양현석이 끼어들어 이래라저래라 하지 않았다. 시작과 준비는 철저하게 전문가에게 맡기고, 자신은 완성된 결과물을 평가하며 아티스트들이 최선의 노력을 다했는지 아니면 부족했는지 지적할 뿐이었다. 이런 일이 어떻게 가능할까? 맞다. 양현석은 이미 다 해본 일, 다 할 줄 아는 일이기 때문이다.

그래서 양현석은 칭찬에 인색한 리더이기도 하다. 스스로도 칭찬에 인색하다고 말한다. 섣부른 칭찬이 아티스트가 잘하는 것에 대한 격려보다는 오히려 자만심을 갖게 하는 부작용을 만들까봐 걱정한다. 양현석은 '이 정도면 되겠지?'란 단어를 싫어하는 사람이다. 그 자신이 목숨 걸고 노력했던 사람이기에 '대강' 하는 사람들을 싫어한다.

"한국 가요사를 통틀어 지금이 가장 기회가 많은 시기에요."

양현석은 2014년을 가리키며 이야기한다. 여러 가지를 잘할 재주가 없다는 그가 모 매체와 인터뷰를 하며 그가 2014년에 모든 역량을 동원해서 여러 도전을 펼칠 것이란 이야기를 하던 중 꺼낸 이야기다.

서태지와 아이들 시절과 비교해서 지금의 음악 시장은 사정이 180도 달라졌다는 양현석은 당시 기억을 이야기하며 서태지와 아이들 역시 일본 시장에 진출하려던 시도가 있었음을 고백했다. 그러나 당시 상황이 가능하게 해주질 않았는데 요즘처럼 한류 콘텐츠와 K팝이 인기를 얻은 상황에서는 가능하다는 이야기였다.

양현석은 '세븐'으로 도전했지만 박진영은 '원더걸스'로 미국에 도전했고, SM은 '보아'를 통해 외국 진출에 도전했던 게 사실이다. 유튜브를 통해 세계 시장에 진출하기가 쉬워지면서 '빅뱅'이나 '싸이' 같은 성공 사례가 나오기도 했다고 덧붙였다.

특히 양현석이 바라보는 요즘 상황에서의 경쟁력은 미국 시장에서 기대하는 아시아 시장의 잠재력이라고 했다. 특히 아시아 여성에 대해 관심이 높은데 미국이 힙합의 본고장이라고 해도 '투애니원'의 '씨엘'이 미국에 가도 충분히 경쟁력이 있다고 여긴다고 말한다.

다시 찾아오기 어려운 기회라고 보기에 양현석은 자신을 믿고 선택해준 '빅뱅', '투애니원', '싸이'이므로 그들을 어떻게 하든 성공시켜 줘야 한다는 책임을 갖는다고도 말한다. 프로듀서로서 양현석의 모든 역량이 집중될 시기라고 말하는 이유다.

특히 양현석은 중국 시장의 가능성을 보며 노래와 연기를 병행하므로써 YG에도 연기자 부분을 보강한다는 사실을 숨기지 않았다. 그러면서 YG만의 주안점은 '다른 사람과 차별화되는 독특한 아티스트'라고 말한다. YG의 캐스팅은 K팝스타 시즌 1에서 이하이를 영입하고, 시즌 2에서 악동 뮤지션을 영입하는 것처럼 '이 시장에 없는, 그래서 YG에 딱 맞는' 아티스트를 선호한다고도 밝혔다. 양현석이 가진 재주가 '이 세상에 없는, YG에 어울리는 아티스트 찾기'라는 점을 확인시켜 주는 부분이다. 하지만 여기서 한 가지 궁금증이 생기는 것도 사실이다. 여러 가지를 잘할 재주가 없다는 양현석이 K팝스타에 출연하는 이유가 뭘까? YG엔터테인먼트의 모든 아티스트들과 함께 세계 시장에 도전하는 원년으로 삼는다는 2014년에 그에게 시간이 너무 부족한 것은 아닐까?

이에 대해 양현석은 나름의 가치를 이야기했다. K팝스타의 경우 시행착오를 이미 겪어본 사람이 심사평을 이야기해 주는 것이기에 방송을 시청하는 가수 지망생들이나 아시아 팬들 모두에게 도움이 될 것 같다는 생각이라고 말이다.

그 이유가 양현석의 인생 가치관하고도 통하는 부분이 있다. 양현석은 좋아하는 일을 하는 것보다 하기 싫은 일을 안 하는 게 더 중요하다고 생각한다고 말한다.

그러면서 YG엔터테인먼트의 강력한 경쟁력은 좋아하는 일만 한다는 점에서 나온다고도 말했다. 지금도 '빅뱅'과 양현석이 친구처럼 지내면서, '빅뱅' 멤버들이 싫어하는 건 억지로 시키지 않는다고 했다. 마찬가지로 양현석은 그동안 돈을 벌기 위해 음악을 만들겠다는 생각은 해본 적도 없고 그렇게 하고 싶지도 않으며, '강남스타일'도 싸이가 스스로 즐기며 만들다 보니까 인기를 얻은 것이라고 말했다. YG가 좋아서 해야 대중들이 좋아한다는 것, '사랑한다'는 말도 말하는 사람이 가식적이면 받아들이는 사람도 사랑한다고 받아들이지 않는 것처럼 말이다.

06 양현석은 아티스트를 믿는다

인기 가수가 되면 대중들의 사랑을 통해 스타가 되지만, 사랑을 받는 만큼 질투와 시기도 받는다. 때로는 행동 하나하나, 말 한마디에도 신경 써야 한다. 가수의 경우엔 노래를 만들 때도 표절 시비에 더욱 민감하고 행동하고 주의해야 하는 이유다. 스타가 부르는 노래와 아마추어가 부르는 노래는 같다. 하지만 단 한 가지 차이점이라면 듣는 사람의 수의 많고 적음이다. 스타가 부르는 노래는 듣는 사람이 많기에 자칫 표절 시비에 얽히기라도 하는 경우엔 타격이 크다.

빅뱅도 그 인기만큼이나 각종 인기곡들에 대해 표절 시비가 있었다. 2006년에 발매된 정규 음반부터 시작된 일부 표절 시비는 빅뱅 또는 지드래곤의 앨범 출시 무렵이면 번번이 의혹을 제기하는 사람들이 나타났다. 그리고 그런 의혹들은 사실 관계의 유무를 떠나 지드래곤 본인에게나 팬들에게 마음의 상처가 됐던 것 역시 사실이다. 사람들은 '뉴NEWS'를 좋아할 뿐이고 '올드OLD스'는 관심을 두지 않기 때문이다.

지금까지 다른 가수들이나 기획사들의 경우엔 최초의 표절 의혹 제기부터 일일이 대응한다는 것 자체를 포기하기도 하고, 표절을 하지 않았음에도 불구하고 때로는 막대한 손해를 감수하고서라도 음반 활동을 접기도 한다. 아티스트나 기획사 입장에선 오랜 시간 준비한 노래가 표절 시비에 휘말린다는 것 자체가 자존심에 상처를 받는 일이기 때문이다.

아티스트나 기획사는 그래서 팬 관리 못지않게 음원 관리에 신경을 쓴다. 외부 작곡가의 곡은 검증하기 힘들기에 아예 받지 않는 곳이 대부분이고, 작곡자의 성향이나 경력을 보고 신중하게 곡을 검토하는 건 물론이다. 기획사 내부 직원들과 기획자들이 앨범 출시 전에 다양한 음원 관련성을 검토해 보고 최종적으로 이상 없다고 생각될 때가 되어서야 발표하게 된다.

하지만 앨범이 출시된다고 해서 뮤직비디오까지 철저히 검사하기란 어려운 부분일 수도 있다. (YG는 거의 고정으로 한 명이 뮤직비디오 감독과 작업을 담당한다)

뮤직비디오 제작사는 보통 외주 제작사를 이용하는데, 뮤직비디오 콘셉트를 정하고 시안을 확인하면서 나름대로 국내·외 뮤직비디오와 유사성을 체크하지만 세상의 모든 뮤직비디오를 확인할 수 없기 때문이다. 그래서 기획사들은 뮤직비디오 제작사와 계약을 할 때도 다른 뮤직비디오와의 유사성에 대한 검증 조항을 넣고 독창적이어야 할 것을 주문하는 게 필수다.

하나의 곡이 탄생하려면 작곡가가 멜로디를 만들고, 작사가가 스토리를 입히면서 가수가 노래로 부르게 되는데, 그 이후에도 앨범 출시와 뮤직비디오 제작, 대외 홍보까지 오랜 시간이 필요하고 창작하는 아이디어들이 모여야 하기 때문이다.

이처럼 오랜 시간 고생하며 창작해낸 곡임에도 불구하고 나중에 익명의 누군가에 의해 '아니면 말고' 식의 의혹이 하나라도 나온다면 그 파문은 걷잡을 수 없이 퍼져 나가고, 기획사나 아티스트 자신에게도 마음의 상처가 되고 지속적인 창작 의욕에 영향을 줄 수도 있다.

그래서 양현석이 표절에 대응하는 모습이 중요한 이유다. 누구보다도 아티스트 곁에서 가장 가깝게, 가장 오래도록 엄격하게 관리하는 프로듀서이기에 '표절'이란 의혹 하나만으로도 마음에 큰 상처를 입는다는 걸 누구보다도 잘 아는 사람이기 때문이다.

예를 들어 YG가 출시한 2006년 빅뱅의 싱글 앨범 곡 중에 '위 빌롱 투게더We Belong Together'는 머라이어 캐리의 같은 제목의 곡과 비슷하다는 의혹이 있었고, 이와 비슷한 시기에 '디스 러브This Love'는 마룬5 곡을 샘플링sampling : 기존 곡의 연주 음원을 따서 쓰는 기법했다는 소식이 보도되기도 했다.

2006년 12월 발매한 정규 음반에선 '더티 캐시Dirty Cash'란 곡이 재닛 잭슨의 '저스트 어 리틀 와일Just A Little While'과 유사하다는 의혹을 받았고, '흔들어'란 곡은 머라이어 캐리의 '잇츠 라이크 댓It's Like That'과 유사하다는 이야기를 들어야 했다.

2007년 8월 미니 앨범 곡 중에선 '거짓말'이란 곡이 일본에 프리템포Free TEMPO의 '스카이 하이Sky High'와 유사하다는 의혹과 다이시 댄스DAISHI DANCE의 '문 가든Moon Garden'과 비슷하다는 의혹을 받았다. 2007년 11월 2번째 미니 앨범 핫이슈 수록곡 중에서도 '바보'라는 곡이 다이시댄스의 '피아노Piano'와 유사하다는 의혹의 대상이 되기도 했다.

2009년 8월 18일, 지드래곤 솔로 음반 수록곡 2곡이 또다시 표절 의혹을 받았는데 그중 하나인 '하트 브레이커Heart Breaker'는 스웨덴 프로듀서들과 지드래곤의 공동 작업으로 만들어진 곡임이 전해지기도 했으며, '버터플라이Butterfly'는 영국 록밴드 오아시스

Oasis가 1995년 10월 3일 출시했던 쉬즈 일렉트릭She's Electric과 유사하다는 의혹을 받기도 했다. 특히 구체적으로는 후렴구가 유사하며 그 노래를 부른 리암 갤러거 창법까지 흉내 냈다는 수모를 당해야 했다.

거기서 끝이 아니었다. 빅뱅과 지드래곤의 인기가 높아지고 활동 범위가 넓어질수록 각종 의혹 제기는 끊이지 않았다.

'다라'가 피처링에 참여한 '헬로Hello'란 곡은 국내 힙합 그룹인 다이나믹 듀오가 알렉스의 피처링을 넣어 2008년 8월 21일 출시한 '솔로Solo'란 곡과 유사하다는 이야기를 들어야 했다. '소년이여 Boys'란 곡 역시 캐서린 맥피Katharine McPhee가 2007년 3월 20일에 출시한 '낫 유어 걸Not Ur Girl'과 유사하다는 의혹을 받았다.

이쯤 되면 프로듀서인 양현석이나 기획사인 YG가 일일이 대응하기에 벅찬 것을 넘어 도대체 어디서부터 손을 대야 할지 버거운 상황이 되었다고도 할 수 있다. 일일이 사실 관계를 밝히면서 '아니'라고 해도 그 시간적인 문제나 비용은 고사하더라도 이미 의혹 제기가 퍼져 버린 상황에서 후속 기사는 그만큼 대중들의 관심에서 멀어지게 되기 때문이다.

양현석은 여기서 외부의 공격에 흔들리지 않고 모든 어려움은 정면 돌파하는 리더의 모습을 보여주었고, 대중들은 다시 한 번 더 그가 YG의 상징임을 인식하게 된다.

2009년 9월 24일, YG의 공식 사이트에 올린 그의 이야기에서다. 양현석은 각종 표절 의혹에 대해 침묵했던 것은 당장 할 일도많은 상황에서 일일이 대응한 것 자체가 바람직한 일이 아니라고생각했다는 이야기로 시작했다. 그리고 팬들에게 마음의 상처가되는 일 같아 더 이상 그냥 있을 수가 없어서 이야기를 하게 되었다는 말이었다.

그리고 양현석과 YG는 각 곡들의 원작자의 입장을 듣기를 기다리는 중이며, 법적 절차를 밟아야 한다면 YG 역시 성심성의껏임할 것이란 이야기를 했다. 그리고 세상의 모든 음악들에 대해누군가 일부러 짜 맞추려고 한다면 어떤 음악도 자유로울 수 없다는 말과 함께 YG의 아티스트들도 저작권자들로서 인격과 권리가소중하다는 이야기를 했다.

YG는 상대를 존중하기에 원작자의 입장을 기다렸던 것뿐이고할 말이 없어서가 아니란 점을 분명히 했다. 그러면서 최종 결과를 기다리기를 요구하며 억측과 무분별한 의혹 제기를 멈추자는이야기도 덧붙였다.

양현석 자신도 YG의 총괄 책임자로서 사전에 모든 논란을 예방하지 못한 책임도 크다는 점을 인식하고 있으며, 그동안의 억측들, 가령 YG에서 앨범을 출시하기 전에 이미 유명한 곡인데 그걸 표절할 생각을 누가 하겠으며, 오히려 양현석이 지드래곤의 공동 작업 형태를 자세히 설명하고 다니면서 팬들로부터 제작자가 소속 아티스트의 능력을 깎아내린다며 혼이 났던 것처럼, 이젠 아티스트의 감각이 지배하는 음악에서 마음의 상처가 되는 표현들은 멈춰 달라는 이야기였다.

그로부터 1년 후, 2010년 10월 9일이었다. 빅뱅 앨범 속 일부 곡에 대해 표절 의혹을 제기하던 사람들도 세간의 관심에서 멀어지던 어느 날, YG 공식 블로그엔 사진과 영상이 포함된 글 하나가 올라왔다.

유명 팝스타 '플로 라이다Flo Rida'가 2010년 5월 한국을 방문했을 당시에 지드래곤을 만나 표절 의혹을 받던 곡을 직접 들어본 결과 '지드래곤은 자신의 곡을 표절하지 않았다.'라고 입장을 밝힌 내용이었다. 글 내용에는 플로 라이다와 지드래곤이 같이 찍은 사진이 들어 있었다. 오히려 플로 라이다는 지드래곤의 곡에 피처링도 해주고 콘서트 무대에도 같이 참여하며 표절 논란을 잠재우게 된다. 하지만 이 내용은 대중들에게 표절 의혹 제기가 알려지던 것만큼 많이 알려지지 않았다.

그리고 다시 1년이 지난 2011년 11월, 인터넷에 작은 기사가 하나 올라왔다.

일본의 톱가수 '아무로 나미에'의 노래 'Sit! Stay! Down!'이 지드래곤의 '하트브레이커'를 표절한 것은 아닌지 일본 내에서 의혹이 제기된 일이었다. 곡의 도입부와 멜로디 기계음이 비슷하다는 주장이 제기되면서 일본 내에서 표절이 의심된다는 지적들이 번지고 있다는 내용이었다.

07 아저씨도 딸을 낳아 보니

"아저씨도 딸을 낳아 보니 도저히 탈락을 못 시키겠어요."

SBS K팝스타 2011년 12월 11일 방송에 출연한 10세 어린이 이채영에게 양현석이 말했다. 그 자신도 딸을 가진 아빠가 되어 보니 무대 위에 선 이채영을 바라보는 마음이 아빠의 마음이란 소리였다. 합격과 불합격 여부를 가리는 심사위원임에도 불구하고 양현석은 어린아이를 탈락시킬 수 없었다. 그리고 양현석은 딸을 가진 아빠에서 아들도 가진 아빠가 되었다.

"오늘 나도 뭘 준비해야 하나 고민하다가 중대 발표를 준비했어요. 첫째는 딸인데 둘째는 아들이에요. 오늘 발표하려고 꾹 참았거든요. 오늘 기분 좋아서 점수를 좋게 줄 것 같아요."

양현석은 딸바보 아빠에서 아들도 가진 아빠가 되었음을 밝혔다. SBS K팝스타 2012년 4월 29일 방송이었다. 두 아이를 가진 아빠가 되면서 양현석의 심사평이 부드러워지고 유머러스해졌다는 평가를 받기 시작했다. 아이들의 아빠가 된 양현석이 변화하기 시작했다.

"웨딩드레스를 입고 싶어 하는 아내 이은주의 뜻에 따라 부모님과 형제 직계 가족만 모여서 간소하게 기념 촬영을 하기로 했어요. 은주가 제 스타일을 잘 알고 이해해 주기 때문에 편하죠. 사소한 의견 차이는 있었지만 다툰 적은 없어요. 친구처럼 재미있게 지내요."

양현석의 말이다. 딸이 태어나면서 양현석도 육아를 분담하기 시작했다. 일에 매달려 살며 워크홀릭Workholic으로 불리던 것과 달라졌다. 아티스트들의 새 앨범 출시를 앞두곤 하루 18시간 이상을 회사에 머물던 양현석도 하루에 1시간은 딸과 함께 하는 시간을 갖기 시작했다.

"하루에 1시간 동안은 아기와 놀아주는데, 돌아서면 또 보고 싶어요."

아들 삼형제 중에서 둘째로 자란 양현석은 '누나'나 '여동생'이 없었던 탓일까? 딸을 이야기하는 양현석은 신기해하면서도 사랑하는 감정을 숨기지 못한다. 소속 아티스트들에게 '매의 눈'이라고 불리며 연습을 게을리하거나 최선을 다하지 않는 사람들을 꾸짖던 양현석의 눈빛과는 사뭇 달라진 표정이다.

한번은 양현석이 지인으로부터 딸에게 주라는 유모차를 선물 받았다고 한다. 조립식 유모차였기에 포장을 뜯고 이리저리 조립을 해보는데 도대체 뭐가 뭔지 알 수 없었다. 결국, 션에게 부탁을 했는데 션은 뚝딱하더니 그냥 조립을 완성해 버렸다. 가정적인 션의 장점이 드러나는 순간이었다. 초보 아빠와 숙달 아빠의 차이가 드러났던 순간이랄까? 양현석은 그렇게 아빠가 되어 갔다.

그리고 얼마 후 양현석은 아이들의 '아빠'로서 뜻 깊은 일을 시작한다. YG엔터테인먼트가 코스닥시장에 상장된 이후 처음 받은 배당금을 수술비가 없어 아파하는 어린이 환자들에게 기부한 일이다. YG엔터테인먼트를 통해 세상에 유익한 일을 하겠다는 평소 바람이 그대로 실천으로 드러난 일이었다. YG의 음악을 좋아해 주고 아껴준 사람들 덕분에 성장했다는 것에 대해 감사의 보답을 한다고 말했다.

'아저씨도 딸을 낳아 보니'라고 말하던 양현석이 세상에 대해 감사하는 마음을 표현하기 시작했다. 돈의 용처도 그의 성격처럼 구체적으로 확실하게 밝혔다.

사람은 자라면서 스스로 '이건 힘들다'고 생각한 일들을 나중에 자신의 가족에겐 시키지 않는 경우가 많다. 어릴 때 혼자 자란 아이들이 어른이 되어 아이를 많이 갖는다거나, 어릴 때 집안일을 거들던 아이가 어른이 되어 자기 아이들에겐 집안일에 손가락 하나 까딱하지 않도록 만들어 주는 일과 같은 경우다.

양현석이 어릴 때 자라면서 부모님이 일하러 나가신 사이에 혼자 밥 먹고, 설거지 하고, 연탄불 갈던 기억이 있지 않을까? 어린 나이에 직접 하기엔 쉽지 않은 일인 게 분명하다. 그래서 양현석은 세상의 어떤 아빠보다도 아이들에게 따뜻하고 가정적인 아빠가 되려는 중인지도 모른다.

양현석은 딸과 아들을 둔 아빠가 되기 전이나 된 후에도 YG 소속 아티스트들에겐 오빠이자 형이면서 때로는 '아빠' 같은 존재다. YG에 연습생으로 들어와서 오랜 시간을 거쳐 데뷔하기까지 양현석을 곁에서 본 배우 유인나는 양현석을 가리켜 '진짜 아빠 같다.'라고 이야기한다. 방송에 비춰지는 모습이 양현석의 전부가 아니며 오히려 정이 너무 많아서 사업상 냉정해야 할 때 제대로 일을 할 수 있을지 걱정할 정도라고 말한다. 인기리에 종영된 드라마 촬영을 마치고 모 매체와 가진 인터뷰에서 밝힌 이야기였다.

유인나도 어린 시절에 서태지와 아이들을 보고 자랐는데, 그래서 양현석을 볼 때면 회사의 대표 또는 프로듀서라기보다는 '스타'라는 인식이 강했다고 털어놨다. 하지만 유인나는 양현석을 직접 만나고 보고 느끼면서 '인간 양현석'의 실제 모습을 많이 봤기에 자신이 아는 남자 중에 가장 멋진 남자라고 추켜세우는데 망설이지 않았다. 덧붙여 말하길, 유인나 자신의 생각뿐 아니라 객관적으로 봐도 멋진 사람이란 걸 재확인하기도 했다.

그리고 유인나는 양현석을 '진짜 아빠 같다'고 말한 자신의 이야기가 단순히 예의상 하는 말이 아님을 확인하듯 '가족의 의미'를 이야기했다. 누군가 돈을 아무리 줘도 가족 사이엔 서로를 가족이 아니라고 포기할 수 없는 것처럼 YG에 소속되었다는 것에 대한 자부심이기도 했다. 어디서 거액을 제시하며 스카웃 제안을 해도 유인나는 YG를 떠날 생각이 없음을 이야기하며 꺼낸 고백이다. 오랜 시간 서로에게 쌓인 신뢰를 확인시켜 주는 말이었다.

그리고 양현석이 진짜 아빠 같은 이유는 '스타를 고르는 그의 눈'에 있다. 될 성싶은 사람을 YG에 데려와서 진짜 스타가 되도록 지원하고 만들어 주는 것, 양현석이 제일 잘하는 일이다. 그래서 양현석이 진짜 아빠 같은 남자다. 빅뱅과 투애니원도 그랬고, YG

를 대표하는 스타들이 같은 과정을 거쳤다.

빅뱅의 지드래곤의 경우를 보더라도 양현석이 어떤 과정을 거치며 제대로 된 무대를 만들어줬는지 알게 된다. 대한민국의 프로듀서들이 모두 부러워한다는 지드래곤도 어릴 때부터 타고난 재능으로 스스로 커서 된 게 아니다. 어린 지드래곤을 YG에 데려와서 제대로 만들고 재능을 키워준 양현석이 있었기에 오늘의 지드래곤이 만들어졌다고 봐야 한다.

김건모, 박미경, 클론 등을 키워내며 대한민국의 대표 프로듀서로 인정받는 김창환 역시 모 매체와의 인터뷰에서 공식적으로 밝히길 YG의 지드래곤이 제일 탐나는 사람이라고 말한 것처럼 그 뒤에 양현석의 안목과 실력이 중요하게 여겨지는 부분이다.

"지드래곤에게 직접 쓴 습작 곡을 내라고 하고 오랜 시간 동안 지켜보면서 지드래곤의 곡에 만족한 적이 없었어요. 지드래곤이 빅뱅의 '거짓말'을 만든 이후에야 작곡 능력을 인정해 줬죠.

지드래곤은 아주 어릴 때부터 힙합 팬 사이에선 이름이 알려질 정도로 특별한 존재이긴 했는데요, 제가 그를 만들었다고는 절대로 생각하지 않아요. 지드래곤의 능력은 타고난 거예요. 저는 단지 지드래곤이 잘 성장할 수 있도록 받쳐주고 도와주는 역할만 했을 뿐이에요."

| 빅뱅

2014년 1월 26일, 서울 올림픽공원 체조경기장에서 열린 빅뱅의 단독 콘서트 '2014 빅뱅 플러스 인 알파 인 서울' 공연 후에 취재진들과 가진 자리에서 양현석이 꺼낸 이야기다. 그럼 양현석이 말한 '받쳐주고 도와주는 역할'이란 뭘까? 지드래곤이 YG에 들어온 날부터 매달 한 곡씩 자작곡을 쓰게 하고 양현석에게 가져오라고 과제를 내줬던 것 아닐까? 그렇다면 권지용의 아빠는 아니지만 빅뱅 지드래곤의 아빠는 양현석인 게 맞다.

08 나는 공부를 못한 게 아니라 안 한 거다

"양현석이 좋다."

그를 바라보는 시청자들이 말한다. 사람들의 이야기를 들은 양현석이 지인에게 말한다.

"야, 나 떴다."

"어느 정도 떴어요?"

"하여가1993년 정도?"

힐링캠프에 출연한 싸이가 공개한 이야기다. 양현석이 K팝 출연 이후 시청자들이 그에게 보내는 '천사표' 이미지에 대해 가까운 지인에게 꺼낸 이야기이도 하다.

물론 양현석 그는 방송에 이제 갓 데뷔한 스타가 아니다. 서태지와 아이들 멤버로 활동한 1992년부터 2014년까지의 기간은 아무리 적게 잡아도 22년이란 긴 시간이다. 왕년에 톱스타 지위를 누렸으며 이제 불혹不惑의 나이가 된 남자가 꺼낸 놀라움으로 보기엔 어쩐지 낯설다. 하지만 양현석은 그를 만나는 가수 지망생들과 시청자들이 보내주는 그의 이미지에 감사하고 감격하는 중이다. 오랜 방송활동 시간을 보내온 양현석이, 그것도 공식적으로는 1992년부터 한국 가요사에 큰 획을 그은 스타 출신임에도 불구하고 지상파 프로그램에 출연하면서 얻은 이미지를 유난히 기뻐하는 중이다. 아이를 낳은 아빠이기에, 아내가 있는 남편이기에, 가족과 회사 식구들이 있는 가장家長 역할이기에 그 역시 좋아할 만한 '이미지'라서 기뻐서 그럴까?

사실 양현석의 방송 출연은 그동안 전혀 없던 것도 아니었다. 하지만 대부분 그는 앞에 다른 스타를 내세우고 자신은 뒤에서 지원하는 위치를 자처했으며, 많은 사람이 그를 만나고 싶어 해도 방송 인터뷰나 방송 출연자로도 매스미디어에 얼굴을 드러내는 법이 좀처럼 없었다. 그런 양현석이 K팝 심사위원으로 TV에 얼굴을 드러내자 많은 사람이 호기심을 두고 지켜본 것만은 분명하다.

시청자들은 K팝 오디션 프로그램에 출연하는 사람들에게 제대로 된 심사평을 해주는 사람도 필요하겠지만, 그런 역할은 박진영만으로도 충분하다고 느낀다. 그래서 출연자들이 공감할 수 있는 심사평을 해주는 양현석에게 집중하게 된다.

왜 실력이 그것밖에 안 되나요?

심사위원으로서 출연자들에게 해줄 법한 이야기이기도 하지만, 양현석은 가수를 지망하는 출연자들에게 따끔한 호된 질책보다는 선배로서, 앞서 길을 걷고 있는 형이자 오빠로서 동생들에게 따뜻한 조언을 해줄 뿐이다.

지금은 YG엔터테인먼트 소속 아티스로 몸담은 '이하이'를 K팝 스타에서 만나 '짬뽕 집에 짬뽕만 파는 것처럼 이하이 씨도 잘하는 것만 했으면 좋겠어요.'라고 해준 말이 사람들에게 회자되기도 했던 것처럼 말이다.

'잘하는 것만 하라'는 이 말은 양현석 그가 지켜온 생활의 철칙이기도 하다. 어릴 때부터 천방지축 성격으로 주위 사람들에게 많은 걱정을 안겼던 양현석이었고, 우연히 접하게 된 브레이크 댄스를 보고 꿈을 갖게 되었고 그때부터 공부는 뒷전으로 당시에 유명하다는 나이트클럽을 다니며 춤을 추기 시작했던 양현석이었지만, 싫어하는 일이나 할 필요가 없다고 느껴지는 일에 대해선 구태여 하지도 않았다.

"저는 공부를 못한 게 아니라 안 한 겁니다."

양현석은 책을 읽으면 머리가 복잡해져서 천성적으로 책을 잘 읽지 않고, 오히려 화장실 낙서처럼 작은 문구나 메모만으로도 배울 수 있는 걸 배운다는 이야기를 한다. 양현석은 도움을 받으면 반드시 도움을 갚아주는 사람이다. 그래서 정이 많은 사람이기에 그가 좋아하고 아끼는 사람일수록 냉정하고 차갑게 굴면서 자신에게 가까이 다가오지 않게 경계를 만드는 사람이기도 하다. 인간관계의 폭이 좁다는 지적은 양현석의 마음이 좁아서가 아니다. 가까운 사람들에게 더 잘해 주려는 마음이라서 그럴 뿐이다.

청소년 시절부터 춤을 추고 다니느라 공부를 소홀히 하는 양현석을 보며 사람들은 그에게 '넌 앞으로 커서 뭐가 될래?'라며 드러내지 않는 걱정을 하기도 했다. 하지만 양현석은 오히려 끊임없이 배움의 끈을 놓지 않았다는 게 맞다. 항상 그래 왔듯이 양현석은 외부에 드러내지 않고 스스로 공부했을 따름이었다.

물론 주위 사람들이 우려하는 사실을 모르지 않았던 양현석은 오히려 머릿속이 복잡해지고 걱정이 생길수록 춤에 열중했다. 그렇다고 춤을 춘다고 해서 나쁜 길로 빠지는 잘못된 선택은 하지 않았다. 가족의 삶을 위해 고생하시는 부모님 생각으로 양현석은 삐뚤어지지 않았다.

양현석은 춤에 인생을 걸었을 뿐이지, 사회에 대한 반감이나 주변 환경에 대한 불만으로 춤을 택한 게 아니었기 때문이다. 양현석은 남들보다 일찍 자신의 꿈을 찾았던 것뿐이고, 자신의 꿈을 위해 최선을 다해 노력했을 뿐이었다.

"공부는 열심히 해놓고 시험을 망치는 경우가 있어요."

2012년 12월 2일 K팝스타 심사위원으로 방송에서 꺼낸 이야기다. 그로부터 일주일 뒤, 2012년 12월 9일 K팝스타 방송에선 이런 이야기를 꺼냈다.

"사자를 잡을 때는 총을 갖고 가야 하고, 파리를 잡을 때는 파리채를 들고 가야 하는데 항상 엇갈려요. 사자를 잡을 때 파리채를 들고 가고, 파리를 잡을 때 총을 들고 간다고 할까?"

오디션 준비는 열심히 했는데 정작 심사위원들 앞에선 실력이 제대로 나오지 않는 경우를 얘기했고, 심사를 볼 노래를 준비할 때 어떤 악기를 쓸지, 어떤 식으로 노래를 부를지 잘 알던 사람일지라도 긴장하다 보면 순서를 바꾸거나 연주를 틀릴 때도 있다는 말이었다. 양현석이 말하는 시험과 공부, 그리고 사냥의 방법과 도구에 대한 이야기는 가수 지망생들에게 '준비 방법'과 '준비된 방법의 반복된 연습'이 얼마나 중요한지 일깨우는 교훈으로 들렸다.

'준비 방법' 그리고 '준비된 방법'을 반복하는 연습

양현석은 '이전before'과 '이후after'로 나뉜다. 그 시점은, 처음 만나는 사람과는 눈도 제대로 못 맞추던 시절의 양현석과 처음 만나는 사람일지라도 시선을 맞추며 대화에서 다양한 비유를 꺼내 상대방을 설득시키는 양현석의 차이다. 방송 출연이 계기였을까? 빅뱅의 지드래곤의 말을 빌리자면, before와 after의 의미가 다르긴 하지만 양현석은 결혼을 기점으로 before와 after의 이미지가 달라졌다고 알려준다. 어쨌든 양현석이 바뀌는 중이란 사실만은 분명하다.

"저는 어렸을 때부터 춤바람이 나고 노는 데 빠지면서 많은 경험을 했는데, 그런 저의 경험에서 우러난 말이어서 공감을 얻는 것 같아요."

케이팝 방송을 본 시청자들이 방송 게시판에 글을 남기거나 인터넷에 올리는 글을 통해 양현석에 대해 이야기하는 내용은 대개 비슷하다. 양현석의 심사평이 좋다, 따뜻하다, 공감된다는 반응에 대한 양현석의 생각이다.

가수 지망생들에겐 가장 두려운 게 뭘까? 그건 다름 아닌 미래에 대한 불확실성이다. 오죽했으면 YG엔터테인먼트에서 연습생 생활을 하던 지드래곤 역시 '과연 내가 데뷔할 수 있을까? 이러다가 시간만 보내고 마는 것 아닐까?' 고민을 했다고 하니 말이다.

그래서 가수 지망생들이나 연습생들은 자신의 길을 먼저 걸어본 선배들의 가르침이나 조언이 절실하다. 대부분 어린 나이에 겪게 되는 일들과 그에 따른 세상의 유혹도 많아서 자칫하다간 꿈을 펼쳐 보기도 전에 사람들의 기억에서 잊히는 불상사가 생길 수 있기 때문이다. 그런 사람들에게 선배로서 양현석이 꺼내는 조언은 세상 어느 조언보다도 깊이 새겨진다.

요즘 가수 지망생이 되겠다고 지원하는 이들의 평균 나이는 중고생들부터 20대 초중반 나이의 사람들로서 1990년대 초중반에 출생한 경우가 대다수다. 그런 그들에 비해 양현석은 그들이 태어난 해에, 또는 태어나기도 전부터 한국의 가요계에서 톱스타로 자리매김을 했던 사람이기에 양현석의 조언은 그들의 부모님들의 조언이기도 하고, 가수 선배로서의 조언이기도 해서 그렇다.

이렇듯 양현석의 '공부를 안 한 남자'라는 말은 '음악을 잘하는 남자'라고 고쳐 써야 하는 게 맞다. 양현석은 공부 이상의 성과를 음악에서 만들어가는 중인 이유다. 양현석이 말하는 '쿠키론'은 귀퉁이가 잘린 쿠키는 잘린 부분이 들어간 게 아니라 반대쪽 면이 더 나온 것을 말한다. 그것은 사람의 장점과 단점에서 단점을 없애려 애쓰는 대신 장점을 더 키우라는 말과 같다.

양현석의 이야기에서도 그가 '잘하는 음악'에 대해 스스로 어떤 생각을 갖고 있는지 알 수 있다. 싸이의 성공에 대해 소감을 물어오는 질문마다 양현석의 대답의 첫 마디는 '실감이 나지 않는다.'라는 이야기로 시작된다.

싸이의 강남스타일이 2012년 7월에 나왔고, 뮤직 비디오가 발표된지 5개월 만인 2012년 12월 22일 유튜브 조회 수 10억 뷰view를 돌파했고, 2014년 6월엔 조회 수 20억 회를 넘었다. 양현석은 아직도 실감이 나지 않는다고 말했다. 세계가 예측을 못 했을 거라는 말과 함께 콘텐츠가 가진 위력이 어떤 산업보다 막강하다는 걸 실감했다고 고백한다.

글로벌 기업인 삼성전자나 현대자동차처럼 유명한 대기업도 하지 못한 일을 단기간에 해냈다고 생각하는 그는 만약 '강남스타일'을 돈 들여 홍보했으면 수천억 원이 들었을 거라고 말한다. 맞는 말이다. 양현석은 그 일을 싸이가 노래 한 곡으로 해냈다고 얘기한다.

하지만 사람들은 안다. 인생의 고비를 맞이한 싸이를 그가 먼저 손을 내밀어 잡아주고 믹싱 작업과 뮤직비디오 편집에도 직접

나서서 참여했다는 사실을 안다. 이쯤 되면 양현석이 자랑해도 되
며 '강남스타일'의 성공에는 양현석이 있다고 얘기해도 될 텐데
그는 '싸이'를 앞에 세우며 끝내 뒤에 머문다. 양현석은 강남스타
일 성공 뒤에서 모든 사람들에게 말하는 중이다.

"싸이가 해냈다!"

양현석은 그가 하고 있는 음악에 대해 이렇게 이야기했다. 때
로는 그 자신도 예측할 수 없는 일이 생기는 것은 그가 반드시 잘
해서가 아니라 잘하려고 노력하다 보니까 '때'가 오는 것이란 말
이다. 그 '때'란 것은 미리 예측하고 기다리는 건 아니고 자신의
자리에서 최선을 다해 최고 그 이상이 되려고 노력할 때 생기는
변화이기도 했다. 우연이란 말로 설명할 순 없었다. 필연이 되기
위한 노력의 결과였다.

지금은 유튜브나 SNS를 통해서 모든 시장이 글로벌화되었다.
그래서 양현석은 한국에서 1등 하겠다고 만들면 성공할 수 없다
고 얘기한다. 한국 음악 시장에 아이돌 가수가 여러 팀 나와도 한
팀도 성공하지 못한 이유는 국내 시장을 목표로 만들기 때문이라
는 지적을 했다. 눈높이가 높지 않은데 어떻게 최고를 만들겠느냐
며 눈높이를 높여야 한다는 이야기도 강조했다.

양현석의 YG에서는 1990년대부터 세계 시장에 관심을 가지고 외국 아티스트 눈높이로 음악을 만들어 왔다는 이야기도 빼놓지 않았다. 그들의 트렌드에 떨어지지 않으면서 그들에겐 절대로 없는 캐릭터를 만들려고 했다는 양현석의 이야기다.

혹시 눈치챈 사람들이 있을까?

YG엔터테인먼트에 양현석의 사무실에는 만화 캐릭터 인형이 즐비하게 진열되어 있다. 로봇 태권브이부터 시작해서 전 세계에서 사랑받는 캐릭터들이다. 혹자는 캐릭터 인형이 많은 걸 가리켜 양현석의 '어린이다운 취미' 정도로 치부하는데 필자의 생각은 다르다.

양현석은 세계에서 사랑받는 캐릭터들을 보면서 '인기 캐릭터'란 반드시 잘생기고 예쁜 캐릭터가 되어야 하는 건 아니라고 여겼을 게 분명하다. 그 나름대로 가진 장점과 매력 덕분에 사람들에게 사랑받을 수 있다는 걸 알고 있다고 봐야 한다. 그래서 양현석은 잘생기고 예쁜 캐릭터들뿐만 아니라 그가 사무실에 진열해 둔 수많은 캐릭터 이미지를 가진 스타들을 찾는 중이다. 그것도 만화가 아닌 현실에서 찾으면서 캐릭터가 등장할 때마다 그들과 함께 음악 만들기에 집중한다.

한국에서 1등 하기 위해 음악하는 게 아니라 세계 시장에서 1

등 하기 위해 음악을 한다는 양현석의 말과도 일치한다. 이미 1992년에 데뷔해서 서태지와 아이들로 한국에서 톱스타의 자리에 올랐던 양현석에겐 더는 국내 시장에 대한 미련이 없다. 양현석은 분명 서태지와 아이들을 뛰어넘는 세계의 톱스타를 만들고 싶기에 YG엔터테인먼트의 아티스트들과 꿈을 만드는 중이다.

양현석은 '양현석'으로 인해 음악 하는 사람들이 얼마나 편해질 수 있는가를 제일 먼저 생각한다. 그의 방법으로 세상을 유익하게 만들고 싶어 한다. 그래서 양현석이 세운 첫 번째 목표가 YG엔터테인먼트를 세계적인 기업으로 성장시키는 일이 되었다.

공부를 못한 게 아니라 음악을 선택한 양현석이 말하는 꿈이다. 양현석은 돈 때문에 음악을 하지 않았다.

서태지와 아이들 이후에 지누선과 원타임을 데뷔시킬 때도 양현석과 아티스트들이 힙합 음악을 너무나 좋아하기에 열정을 갖고 빠져들었다. 양현석은 돈이란 단지 음악을 하고 싶은데 필요한 것이라고 말한다. 원하는 음악을 부족함 없이 하기 위해서 필요한 게 돈이다. 양현석은 재산 기부란 것도 사회에 도움되는 방법이지만 음악을 하는데 그 돈을 써서 사람들에게 즐거움을 주는 일을 하고 싶다고 말한다.

양현석이 말하는 싸이의 성공 이유도 마찬가지다.

| 싸이 콘서트장

　K팝이 세계 시장에서 인기를 얻게 된 것은 싸이의 강남스타일 덕분이 아니라고 말한다. 사람들이 아무리 '우연'이라고 해도 싸이의 강남스타일의 성공은 '우연이 아니다.'라고 자신 있게 말할 수 있다. 양현석이 말하는 싸이의 성공 요인은 미국에 싸이 같은 가수가 없어서, 싸이가 미국 팝 시장에서도 부족한 부분을 채워줄 수 있어서라고 말한다.

　인기 팝스타라고 해서 유명한 가수 누구를 따라한다면 냉철한 시장 현실에선 반드시 실패한다고 여긴다. YG엔터테인먼트만의 장점도 그래서 가능하다고 말한다.

　'싸이'의 성공 대박을 한 번 더 만들어 낼 수 있는 곳, YG에서 빅뱅에게 기대하는 이유다. 빅뱅의 성공을 바라보는 양현석의 기준은 싸이의 성공 요인과 닮았다. 빅뱅과 같은 그룹이 외국에 없다는 이유다. 훌륭한 외모에 큰 키는 아니지만 빅뱅 멤버들처럼 아티스트들이 직접 작사·작곡하는 아이돌 가수는 세계 시장에서도 드물기 때문이다.

그건 양현석이 음악을 선택한 이유가 되기도 한다. 누구보다도 신중하게 대중의 요구를 짚어낼 수 있는 정확한 판단력을 지녔고 마치 예전에 그가 부동산을 공부하며 긴 시간을 보낸 것처럼 소속 아티스트들이 세상에 비춰질 '때'를 기다릴 줄 아는 끈기까지 가졌기 때문이다.

양현석이 SBS 힐링캠프에 출연했을 때 성적표 이야기가 공개된 순간이 있었다.

당시엔 수우미양가 평가를 하던 시기였는데 양현석의 성적표엔 '양'이 참 많은 사실에 대해 이야기하던 상황이다. 양현석은 이에 대해 '공부를 못한 게 아니라 안 한 것'이라고 말했는데, 사실 양현석은 YG 소속 아티스트들에게도 철저하게 공부를 시키기로 유명하다.

가령, 지드래곤이 연습생 시절일 때도 학교 성적이 80점 미만이면 연습도 시키지 않을 정도였다. 공민지가 가수 생활에 전념

하겠다고 할 때는 "그래도 중학교만은 나오자."라고 만류하며 졸업하게 하고, 투애니원으로 활동하면서도 검정고시를 치르게 하여 정규 공부를 다하게 해준 일화도 유명하다. 빅뱅의 '승리' 역시 고등학교를 중퇴하겠다고 했을 때 YG에서 다시 검정고시를 보게 하고 정규 교육과정을 마치게 한 것은 양현석이 생각하는 공부의 중요성이기도 했다.

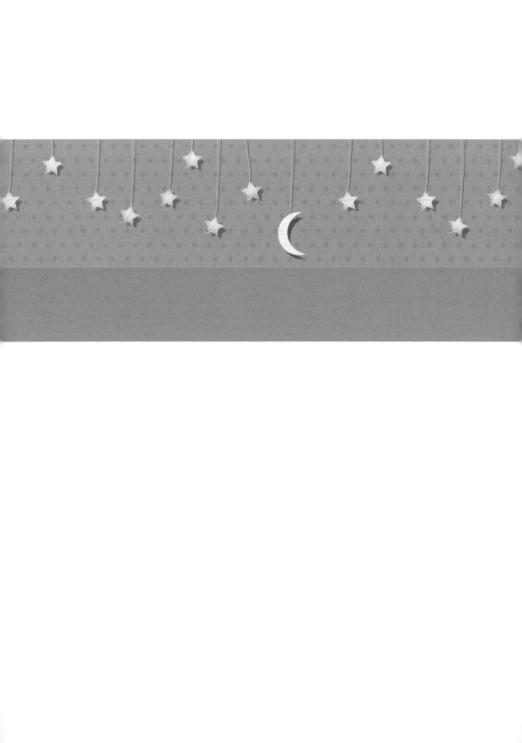

03

YG에 들어오는 스타, YG가 찾아내는 스타

01 지루한 걸 싫어한다

양현석의 캐스팅 스타일 이야기를 이어 보자. 앞서 박진영과 같은 듯 다른 점을 가진 양현석에 대한 이야기를 하며 K팝스타에서 보이는 양현석 스타일의 심사평에 대해 알았다면 이번엔 양현석 스타일의 선발 기준에 대해서다. 박진영이 실력을 분석한다면 양현석은 끼를 눈여겨본다. 박진영이 현재를 기준으로 본다면 양현석은 미래를 기준으로 본다는 차이가 있지 않을까?

양현석의 캐스팅 기준은 무엇일까?

YG엔터테인먼트에 들어가는 지망생들은 어떻게 준비해야 할까? YG엔터테인먼트가 찾는 사람들은 누구일까?

양현석의 캐스팅 기준에 대해 이야기하며 '이하이'의 경우를 눈여겨보자. YG를 대표하는 아티스트를 꼽으라면 현재는 당연히 빅뱅과 투애니원, 과거엔 지누션과 원타임, 세븐 등을 이야기할 수 있겠지만 최근 YG에 속속 합류하는 사람들을 보면 양현석 스타일의 캐스팅에 대한 느낌이 있다. 그건 바로 '세상에 없던 개성'이다.

이하이를 보자. 자신감이 넘치는 표정과 동작 하나하나가 돋보였다. 박진영과 캐스팅 경쟁(박진영은 이하이가 YG에 들어가자 나중에 곡을 써서 이하이에게 주기도 한다)을 벌이기도 했지만 이하이는 결국 YG를 택했다. 왜 그랬을까? JYP 스타일이 되기보다는 자신만의 개성을 살리고 싶었던 것은 아닐까? 양현석이 중요하게 생각하는 '개성'이 스스로 움직인 결과이기도 했다.

여기서 잠깐, 빅뱅과 투애니원을 보자. 그들은 무대에서 즐겁게 논다. 투애니원이 무대에 올라가기 전 외치는 구호가 '놀자'라는 사실은 별도로 하더라도, 빅뱅과 투애니원은 무대 위에서 카메라에 상관없이 그들 스스로 즐겁게 논다. 예쁘게 보이려고 애쓰거나 카메라에 더 나오려고 애쓰는 동작이 보이지 않는다. 즐겁게 놀다가 카메라가 오면 쳐다봐 주는 정도다. 무대 위에서 잘 노는 빅뱅과 투애니원이 YG를 대표하고 있다.

그래서 양현석의 입장이라면 YG의 다음은 누구인가 준비해야 할 시점이기도 하다. 실력을 갖춰야 하고, 갈고 닦은 재능이 있어야 하는 건 아니다. 양현석은 오로지 그 사람의 '개성'을 본다. 어느 것 하나만이라도 남과 다른 그 사람만의 개성이 있다면 YG의 가족이 될 수 있다.

가수 지망생들이나 YG에 들어가고 싶은 사람들에게 알려주는 힌트다. 양현석의 아빠 미소가 나타나는 순간들이 있다.

YG 연습생들에게는 데뷔를 앞둔 절박함을 강조하고 게으른 모습을 보이는 것을 절대 거부하지만, 아직 갖춰지지 않은 지망생들이나 아마추어들에게서 양현석이 찾으려는 '개성'을 찾았을 때 그는 아빠 미소를 보낸다. 프로페셔널에겐 엄격하고 아마추어에겐 너그러운 이유다. K팝스타에 심사위원으로 앉은 양현석의 모습이 YG에서 보는 모습과 다르다는 걸 본 YG 사람들은 그래서 놀랍다고 말한다.

'양현석 사장님에게 저런 모습이 있었어?'

양현석의 아빠 미소를 보는 순간에 이어 SBS 채널에서 방송되는 K팝스타 화면에서는 양현석의 심사평이 이어진다. 무대에 선 참가자를 향해 양현석이 미소를 짓는다. 다른 심사위원들은 참가자의 무대에 대해 철저하고 냉정한 평가를 내린 뒤의 일이다.

"제가 단순한 걸까요, 무식한 걸까요? 저는 그냥 들어서 좋으면 좋습니다."

양현석에게 시청자들의 호감이 생기는 순간이다. 대중들에게 어려운 전문용어도 없고, 가뜩이나 긴장된 상태인데 더 기죽을 것 같은 독설도 없다. 그래서 SM과 JYP와 다른 YG엔터테인먼트가 된다. 물론 대한민국에 기획사가 SM, YG, JYP만 있는 것은 아닌 게 맞다. 하지만 이들 세 소속사에서 배출된 스타들이 대부분 대한민국 음악계와 연예계에서 스타로 활약하기에 양현석의 캐스팅 스타일을 알고자 할 경우 SM, JYP의 스타일과 비교해 보는 게 가장 정확하다.

가령 세 기획사의 스타일을 구분해 보면 이렇다. 먼저 SM은 철저한 스타 배출 시스템에 의해 캐스팅과 교육, 데뷔가 순차적으로 이어진다. 언뜻 보면 일본식 스타 시스템이다. 소속 연습생 캐스팅 전부터 철저하게 시장을 먼저 분석하고 대중 트렌드에 맞춰 필요한 스타성을 기획한다.

그리고 여기에 맞는 이미지를 찾아서 캐스팅을 시작한다. SM의 특징이나 JYP, YG도 대부분 비슷하지만 20대 연령대의 신인보다는 고등학교, 중학교, 심지어 초등학교로 내려가서 캐스팅을 해

오는 게 요즘 분위기다. 그래서 짧게는 수년, 길게는 10년 가까이 트레이닝 과정을 거치게 한 후에야 데뷔 무대를 주게 된다.

SM의 경우, 미리 기획된 '성공 가능 모델'에 필요한 이미지들을 가진 사람을 찾아서 캐스팅하며 팀을 구성한다. SM의 스타일을 보면 일본 시장을 타깃으로 정하고 캐스팅 당시부터 철저하게 준비된 시스템 안에서 체계적인 과정을 거치는 모습을 발견한다. 한국과 일본, 중국 아시아 시장을 염두에 두고 각각 어떤 이미지가 필요할지 미리 구상하고 시장 테스트 검증을 거친 후에 각 시장에 맞는 음악과 안무, 얼굴 이미지를 구성하는 식이다.

JYP는 빈틈 시장을 찾아내는 캐스팅 스타일을 보게 된다. SM을 보고 참고하여 미국 시장 진출을 위한 캐스팅 스타일을 구사하는 게 보인다. SM이 일본을 위주로 중국, 아시아 시장을 공략하는 스타 만들기에 나선다면, JYP는 SM 스타일을 보고 따라 하며 미국 시장을 공략하기 위한 스타 만들기에 나서는 모습이다.

YG는 SM과 JYP와 다르다. YG만의 색깔보다는 아티스트 개개인의 장점을 찾으려고 하며 그들의 개성이 전체적으로 YG 안에서 조화되고 배열될 수 있는지에 따라 캐스팅 여부를 결정하는 모습을 보인다. 그래서 결과적으로는 세 기획사가 모두 캐스팅 스타일이 다른 이유가 된다.

양현석의 경우, YG의 캐스팅 스타일을 누구보다 잘 알기에 그가 찾는 신인은 언제나 화제의 중심이 된다. 양현석이 왜 그 사람을 캐스팅했는지 궁금하다는 사람들이 많다. 양현석이 만드는 스타 탄생의 무대가 천편일률적이지 않고 YG만의 색깔을 보여줬기 때문이다.

그래서 양현석의 캐스팅 기준은 한마디로 '끼'다.

단, 그 '끼'가 YG 안에서 제대로 발전하고 그 사람만의 장점이 될 수 있는 '끼'여야만 한다. 다른 이들과 조화가 되지 못하고, 혼자 독불장군식이면 YG에서 어울리지 못하게 된다. 양현석은 YG만의 스타일을 두진 않지만 전체적으로 하나의 YG 안에서 부족함 없는 여러 '끼'를 만드는 중이라서 그렇다.

'끼'는 곧 '개성'을 말한다

YG에 양현석의 사무실 안에 있는 수많은 캐릭터 인형을 보면 답이 나온다. 거대한 하나의 로봇 태권브이가 있고, 그 좌우 벽면 전체에 세계에서 인기를 얻는 캐릭터 인형이 진열되어 있다. 그래서 양현석은 사무실에서 캐릭터 주인공들을 보며 그들이 오래도록 사람들에게 사랑받는 이유를 그 자신만의 캐스팅 스타일로 만드는 중이라고 말할 수 있다. 잘생기고 예쁜 캐릭터가 아님에도 개성을 가진 캐릭터가 사람들에게 인기를 얻는 이유를 양현석은 이미 알고 있어서다.

그래서 양현석의 캐스팅 스타일을 이해하려면 캐릭터 주인공을 떠올리면 쉽다. 이따금 방송에 소개된 양현석 사무실의 캐릭터 인형은 양현석의 취미가 아니라 양현석이 만들고 싶어 하는 스타의 이미지이며, 양현석이 신인을 캐스팅할 때 '개성'을 찾기 위한 참고자료가 된다. 빅뱅이나 투애니원의 멤버들을 양현석이 모은 캐릭터 인형에 비유를 해보면 어떨까? 분명히 그 안에는 양현석이 찾아낸 비슷한 이미지가 담겼을 것이다.

양현석은 지루한 걸 싫어하고 스스로의 취향이 독특하다고 말한다.

그런데 한 가지 눈여겨볼 부분은 신인 캐스팅은 양현석이 하더라도 일단 YG 안에 들어온 이상은 그들을 두고 지켜보는 '방치'를 한다는 점이다. 왜 그럴까? 그 이유는 양현석의 평소 이야기에서 답을 찾는다.

"가수로서 카리스마를 갖도록 신경을 써요. 아이돌idol 스타의 문제점은 바로 '아이들kids 스타'라는 점이거든요. 빅마마나 휘성

은 아이돌 스타가 아니지만 아이돌 스타인 세븐보다 음반이 많이
나갔어요. 무엇을 말하는 걸까요? 이제 아이들 코 묻은 돈 노리고
음반 만드는 시기는 지났다는 거죠."

저마다 개성을 지닌 캐릭터처럼 각자의 개성을 지닌 아티스트
들이 YG에 모이게 된다면 양현석이 바라는 꿈이 완성되는 것 아
닐까? 세상 사람들이 좋아하는 어떤 이미지의 스타일지라도 모두
YG 안에서 찾을 수 있는 세상을 말한다.

YG에서 찾는 스타들이란 양현석이 찾는 스타라는 말과 같다.
양현석이 원하는 것처럼 각자의 개성을 지닌 아티스트라면 된다.
세상 모든 인기 캐릭터가 양현석의 사무실에 모여 있듯이 세상 모
든 캐릭터가 YG에 모이게 되면 된다.

그래서 양현석의 캐스팅 스타일은 다른 기획사와 다르다.

SM에서 소속 연예인들은 '아시아적으로 생각하기'가 중요하
다. 일본으로 연수를 다녀오기도 하고 중국으로 연수를 다져오기
도 한다. 현지에서 문화를 보고 배우며 아시아적으로 생각하는 방
법을 스스로 경험하는 식이다. SM의 강점인 '시스템'이 효력을 발
휘하는 순간이다.

가령 SM에서는 곡을 만들 때도 '시스템' 안에서 만들어서 여러

나라에 인기를 끌 수 있는 요인들을 모두 넣는데 주안점을 둔다. 덴마크 작곡가가 '훗'의 멜로디 라인을 만들고, 노르웨이 작곡가 그룹이 '소원을 말해봐'의 멜로디 라인을 만든다. 이 노래들을 소녀시대가 아시아에서 부르는 식이다. SM에서는 신인을 캐스팅해서 이처럼 철저한 회사 내의 시스템 안에서 트레이닝을 시킨다.

양현석의 YG와 트레이닝 시스템 자체가 다른 부분들이다. YG에서는 자체 프로듀서들을 통해 YG 아티스트들에게 곡을 주는 게 전형적인 모델이다. 외부에서 곡을 가져오지 않고 YG 안에서 모든 걸 해결한다. 그래서 YG 스타일이란 작곡하고 작사하는 아티스트들이 스스로 발전하는 곳이 된다. 양현석 스스로가 프로듀서이기 전에 톱스타에 올랐던 아티스트이기에 '아티스트 그다음'을 준비시켜 주기 위함이다.

생각해 보자. 양현석의 장점이 드러난다.

한 곳은 프로듀서의 스타일로 획일화된 것처럼 느껴지는 아티스트들이 배출되고, 다른 곳에선 철저히 회사 시스템에 의해 그때그때 필요한 부분들이 채워진다. 그러나 양현석의 YG 아티스트들은 작곡, 작사는 물론, 자기가 원하는 모든 걸 배울 수 있다. 아티스트로서의 생활을 그만둘 때는 YG에 남아서 다른 일을 하며 같이 지낼 수 있다. 프로듀서가 되거나 홍보 일을 하거나 그건 전적으로 본인이 하고 싶은 일을 하면 된다. 양현석이 신인을 캐스팅할 때는 YG에 남아 같이 할 '가족'을 뽑는다. 스타가 되면 떠날 사람이 아니라, 스타가 되어서도 남을 사람을 말한다.

지루한 걸 싫어하고 취향이 독특하다는 양현석의 이야기가 다르게 들리지 않는가? 아티스트를 대하는 프로듀서로서의 태도는 독특하다 할 만하지만 '지루한 걸 싫어한다'는 말은 항상 새로운 개성을 지닌 신인 캐스팅을 좋아한다는 것을 말하는지, 아니면 노래와 춤뿐만 아니라 작곡, 작사를 배우는 것처럼 여러 분야의 일을 배우기를 좋아한다는 말인지 구분하기 어렵다.

'지루한 걸 싫어'하기에 노래를 좋아하는 가수가 되었다가도 노래가 지루하게 느껴진다면 언제든 작곡, 작사를 하는 프로듀서 길을 열어갈 수 있다는 양현석 본인의 이야기이기도 할 테지만 말이다. 프로듀서로서 아티스트들과 작업하는 걸 너무 좋아한다는 이야기도 된다. 개성을 가진 신인을 발굴하고, 그들이 자기 꿈을 이루며 무대 위에서 즐기는 모습을 보는 것 자체가 양현석이 좋아하는 일이란 의미도 된다.

자, 그럼 YG에 들어가고 싶어 하는 사람들은 무엇을 어떻게 준비해야 할까?

가장 먼저, 자신의 개성을 찾아야 한다. 자기가 가장 잘하는 것은 무엇인지, 자기가 좋아하는 일, 그걸 하는 순간만큼은 행복하고 즐길 수 있는 것, 그게 무엇인지 찾아내야 한다. 단, 그것은 남을 따라 하는 모창이나 흉내 내기가 되어선 안 된다.

가령 웃을 때 상대방을 사로잡는 미소가 개성이어도 된다. 춤을 출 때 코믹하게 자신만의 개성으로 춰도 좋다. 노래를 부를 때 자신만만함을 갖는 자만심을 가져도 된다. 옷을 잘 입어서 어느 누구에게도 뒤지지 않을 개성이어도 좋다. 노래를 부를 때 시선 처리를 독특하게 한다거나 어떤 노래이건 간에 자기만의 코믹한 이미지로 듣는 사람들을 포복절도할 정도로 만들어도 그게 개성이 된다.

'그렇지만 노래가 부족하고 춤이 부족한데 어떻게 하지?'

걱정하지 말자. 나머지 부분은 YG가 받쳐주고 최종 완성은 양현석 프로듀서가 해준다. YG엔터테인먼트를 만나는 당신은 아티스트가 되기 위한 첫 단추를 꿸 준비를 하는 것과 같다.

단, YG에 들어간다고 해서 '이제 다 이루었다!'라고 자만하면 안 된다. 그 순간 끝이다. YG의 연습생이 되었다면 그 순간부터 치열한 노력과 최선이 아닌 최고가 되어야 하는 목표를 설정하고 준비해야만 한다.

"저기요!"
양현석을 부르는 낯선 소녀

2005년 어느 날 저녁이었다. 바쁜 일 끝났으면 오랜만에 만나서 저녁이나 함께 하자는 연락을 받고 부리나케 달려간 곳은 청담동 골프연습장 근처 작은 음식점이었다.

"양군은 결혼 언제 한데?"

기러기 고기를 파는 작은 음식점에서 시작된 대화가 이어져 드디어 양현석이란 남자의 이야기를 찾아가게 되었다. 2005년부터 2014년에 이르기까지 근 10년 만이다. 1996년에 서태지와 아이들이 은퇴하고, 10년째인 2005년에 시작된 이야기가 또다시 10년째인 2015년에 책으로 엮어질 줄이야.

어느 여름날 저녁으로 기억하는 당시에 '젊음의 행진'에서 활동하셨던 고청산 형님과 그 당시 썸엔터테인먼트 최본 대표님이 함께 마련한 조촐한 저녁 자리에서 양현석에 대한 이야기가 시작되었다.

"양 군은 정말 멋진 사람이야."

최본 대표의 말을 이어 고청산 형님도 고개를 끄덕였다. 한 여자를 오랜 기간 사랑하며 사랑을 지켜온 남자의 이야기는 자연스레 기분 좋은 칭찬들로 가득하게 만들었다. 이 책은 그렇게 시작된 양현석이란 남자의 일과 사랑, 꿈과 음악, 그리고 양현석과 아티스트들과의 만남에 관한 이야기를 소개한다.

거리에서 가게를 연다면 수많은 커피숍 대신에 다른 걸 하겠다는 사람이다. 커피점이 많은데 거기에 또 커피점을 낸다면 망할 거라며 생각을 달리하는 사람이다. 실제로 양현석은 압구정동에 옷 가게를 운영한 적이 있다. 지누션의 멤버였던 션이 결혼을 할 때 옷 가게를 통째로 선물로 준 일이 있다. 물론 옷 가게와 커피점은 다르다. 커피는 획일화된 맛이지만 옷 가게는 스타일이 다양해야 된다.

"저 같으면 그곳에 밥집을 내겠어요."

걸그룹 홍수 시대에 살고 있다고 해도 과언이 아니다. 그나마 TV에 자주 얼굴을 비추는 일부 그룹의 이름을 안다고 해도 잠깐 얼굴을 비췄다가 사라지는 걸그룹까지 포함한다면 얼마나 많은 팀이 나왔는지 알 수 없다. 게다가 생존하는 데 성공한 걸그룹이라고 해도 이름을 제대로 알린 그룹은 손에 꼽는다.

양현석의 이야기처럼 '너무 많은 팀'이 시장에 나왔기 때문이다. 음반 시장이 사라지거나 축소된 게 아니라 시장 규모에 비해 너무 많이 나온 이유였다. 커피를 마신 사람에게 또 커피를 마시라는 식이었다.

모 매체와 가진 인터뷰에서 당시 2012년 무렵 걸그룹 음반 시장에 대한 YG엔터테인먼트의 리더 양현석의 생각이다. 이처럼 양현석의 감각은 철저한 시장 분석에서 나온다. 그리고 YG엔터테인먼트에서는 항상 시장에 없는 아티스트를 발굴해서 선보인다는 전략이 주효하다.

한 시대를 풍미한 스타라서 누구보다도 현장을 중시하는 감각을 지녀서일까?

음반 시장과 가요계를 바라보는 양현석은 스스로가 실력파 뮤지션이기도 하다. 1992년에 데뷔한 서태지와 아이들 멤버로 활동 당시에도 가수 박선주에게 화성학을 배우고 컴퓨터 미디 작곡을 배우며 작사, 작곡을 다루는 프로듀서 실력을 쌓기도 했다. 즐거운 일을 즐기는 방법을 아는 남자다.

좋아하는 일이라면 지치지 않아서일까? 소속 아티스트들의 앨범 출시나 활동을 재개할 무렵이면 밤샘은 기본이고 평균 하루 18시간을 회사에서 지내며 자기가 좋아하는 일에 푹 빠진 남자다. 지금은 인기 톱가수로 성공한 이들도 YG에 들러 양현석의 첫 모습, 그러니까 일하던 모습을 처음 봤을 때는 다소 실망 또는 조금 충격적이었다는 이야기를 한다. 슬리퍼에 맨발 차림으로 스튜디오를 오가는 그의 모습 때문이었다.

물론 일할 때는 겉모습과 상관없이 프로페셔널한 남자다. YG 엔터테인먼트에서 투애니원의 박봄이 양현석에 대해 말하길 '매의 눈이 있어서 게으리할 수 없다.'라고 이야기한 것처럼 소속 아티스트들은 그들의 대선배이자 꿈의 길잡이인 양현석이 최선을 다하는 모습에 그들 자신도 대충할 수가 없다.

소속 아티스트들의 장점을 누구보다도 잘 알고 그들을 믿고 지켜보는 양현석은 스스로 말하길 '소금'과 같은 존재라고도 말하곤 한다. 안 넣으면 싱겁고, 너무 많이 넣으면 짜게 되는 '소금'이야말로 대중의 입맛에 딱 맞는 스타를 만들어 내는 양현석만의 감각을 제대로 표현하는 말이다.

그래서 양현석은 진한 맛이 오래도록 우러나오는 '맛집'을 만드는 자신만의 레시피Recipe를 가진 남자다. K팝스타에서 오디션 참가자들의 무대를 음식에 비유하는 그의 심사평과도 일맥 통한다. 매운맛, 김치찌개, 짜장면 등으로 국가를 넘나들며 친근하게 다가서게 되는 심사평은 시청자들이나 출연자들의 귀에 쏙쏙 들어왔다.

그래서일까? 시장의 흐름과 가요계의 구성에 대해 정확하게 짚어내는 양현석만의 감각이 돋보일 때가 많다.

2005년에 이르러 양현석은 모 매체와의 인터뷰에서 말하길 '2007년에는 실력 있고 나이 어린 친구들이 팀을 이룬 아이돌 그룹이 가요계의 흐름을 주도할 것'이라고 밝혔는데, 실제로 2007년에는 원더걸스, 소녀시대가 등장해서 큰 인기를 끌었다. 그 자리에 '빅뱅'도 한몫을 차지한 건 물론이다.

2007년에 이르러서 양현석은 '2008년엔 여성 솔로 댄스 가수가 가요계를 리드할 것'이라고 밝혔다. 당시만 하더라도 YG에서 내놓으려는 그 여자 가수가 누구인지 얼굴과 춤 솜씨, 노래 실력 등을 모두 비밀에 부쳐졌는데, 영어와 불어, 일본어, 한국어를 구사하는 여자 가수라고만 밝혔던 그 주인공은 다름 아닌 '씨엘'이었다.

가요계를 리드할 여자 가수를 YG엔터테인먼트에서 미리 준비하고 있었다는 선전포고였을까? 아니면 SM과 JYP와 함께 한국 가요 시장을 리드하는 대형 기획사의 리더로서 앞으로의 계획을 이야기하는 의미였을까? 그들끼리 짜고 치는 '어떻게 해보자' 식의 계획이었을까?

아니면 대중들의 성향을 제대로 간파하여 대중들이 필요로 하는 아티스트들만을 내놓는 YG의 대표가 갖는 '감각'이었을까? 어쨌든 양현석은 스스로 2008년의 가요계 시장을 미리 준비하고 있었다. 양현석은 음반 시장의 흐름과 팬들이 요구하는 스타 탄생을 정확하게 예측하고 2008년보다 조금 늦은 2009년 5월에 투애니원2NE1을 선보이게 된다.

한 가지 주목할 점은, 양현석이 그 당시에 말하던 '솔로 여자 댄스 가수'가 아닌 걸그룹이었지만 그 리더가 멤버들 중에서 나이순으로 셋째였던 씨엘이 맡았다는 사실이다. 이유가 뭐였을까? 그리고 양현석은 1984년생인 박봄과 산다라박을 제치고 1991년생인 씨엘에게 투애니원의 리더가 되라는 지시를 내린 걸까? 양현석의 '매의 눈'이 드러나는 대목이다.

투애니원2NE1의 출현을 본 사람들은 그룹 리더가 씨엘이란 얘기에 고개를 갸웃거린 것도 사실이었다. 그러나 양현석과 씨엘의 인연의 시작을 본다면 고개를 끄덕일 수가 있다. 1991년생인 씨엘과 양현석은 어떻게 만났던 걸까 알아보자.

시간을 거슬러 씨엘CL이 15세 되던 해 2006년으로 올라간다. 아버지를 따라 프랑스, 일본 등 외국에서 살다 온 씨엘이 한국에 살게 되면서 가수의 꿈을 이루기 위해 도전하던 무렵이었다.

2006년 어느 날, 양현석이 YG엔터테인먼트에서 일을 보고 나오는데 웬 여자아이가 양현석을 불렀다. 자신이 만든 노래 데모 테이프를 들고 몇 날 며칠을 회사 앞에 찾아와 때로는 밤까지 새우곤 하던 여학생이었다.

"저기요!"

여자아이는 양현석에게 CD를 건넸고, 그 순간 양현석은 이때를 나중에 기억하기를 'YG에 들어와야 할 것 같은 아이'라는 느낌을 받았다고 했다. 그리고 곧바로 CD를 들어본 양현석이 씨엘에게 직접 연락해서 역사적인 인연이 시작되었다. 당시엔 그런 양현석의 마음을 씨엘은 전혀 눈치채지 못했던 것도 사실이었다.

그날 양현석을 직접 만나기 오래전부터 씨엘은 YG엔터테인먼트로 자신의 CD를 담아 우편으로 여러 차례 보내어 오디션에 지원했는데, 아무런 연락이 없어서 답답한 마음에 자신이 직접 양현석을 만나고자 그날 회사 앞으로 찾아왔던 것이다. 그리고 그토록 바라던 CD를 전달해 주는 데 성공한 씨엘은 집으로 돌아와서 그날 해야 할 숙제를 꺼내고 있었다고 한다. 그 순간 운명처럼 양현석으로부터 전화가 걸려왔다.

| 투애니원2NE1의 리더 씨엘CL

그로부터 약 3년 후, 씨엘은 2009년에 걸그룹 '투애니원2NE1'의 리더가 되어 가수로 데뷔하게 되었다. 15세 때 양현석을 만난 '채린'이라는 여학생이 3년 뒤 18세가 되었을 때 '씨엘CL'로 그 모습을 드러낸 역사다.

과연 씨엘의 고생은 어땠을까?

씨엘은 2009년 5월 28일, 역사적인 데뷔 무대를 마치고 매체와의 인터뷰에서 말하길, 2006년 당시 그 무렵엔 마지막이라고 생각하고 YG엔터테인먼트에 계속 갔다고 고백했다. 그때 만약 안 됐더라면 그래도 다시 도전했겠지만 양현석 사장을 만나기 위해서 매일 같이 사무실 앞에서 기다리며 밤새고 그랬다고 밝혔다.

그 당시 자기 모습을 회상하던 씨엘은 데모 테이프를 만들기 위해서 끊임없이 연습하고 수정하고 하던 때가 본인의 인생에서 가장 열심히 뭔가를 했던 시기 같고, 하나만 생각하고 겁 없이 도전했던, 열정이 가장 불타올랐던 때가 아닌가 싶다고 말했다. 그렇게 시작된 가수로서의 생활에서, 씨엘은 투애니원2NE1의 멤버가 되어 2009년 5월에 디지털 싱글 파이어Fire로 데뷔한다. 이 앨범에는 '파이어' 외에도 '아이돈캐어I don't Care', '렛츠고파티Let's Go Party', '롤리팝Lollopop'이란 곡이 수록되었으며, '아이돈캐어'를 비롯해서 '롤리팝' 역시 대중의 사랑을 받기에 성공한다. 데뷔와 동시에 인기를 거머쥐는 성공이 찾아온 것이다.

하지만 양현석은 씨엘을 데뷔시키기 전에도 다양한 검증 과정을 거치며 단련시켰다. 정식 데뷔 전, 씨엘은 2007년에 빅뱅의 미니 2집 앨범 '핫이슈Hot Issue'에 참여했고, 2008년 엄정화의 미니 1집에서는 DJ 피처링을 했다. 그리고 2009년엔 1994년생으로 투애니원의 막내인 공민지와 듀엣으로 발표한 디지털 싱글 '플리즈 돈고Please Don't Go'를 발표한 이후에 공식적으로 2009년 5월에 투애니원으로 데뷔했다.

그리고 2006년 첫 만남 이후 8년 차에 이르게 되는 2013년 5월 28일이었다. 2009년 데뷔한 이후 4년 만에 양현석은 씨엘에게 솔로 앨범을 선사했다. 그리고 첫 솔로 앨범으로 활동하는 씨엘에게 양현석이 말하길 "꼴등 해도 좋으니 네 마음대로 즐겨라."라는 격려도 잊지 않았다.

첫 만남 이후 3년 만에 데뷔, 4년 만에 솔로 앨범 출시였다. 대다수 걸그룹들이 몇 개월 만에 앨범을 출시하고 반짝 활동하고 다시 들어갔다가 또 나오는 것과는 차원이 달랐다. 양현석은 아티스트를 배려하며 충분히 완성되었을 때 무대에 서게 한다.

한 번은, 2013년 9월 1일 송파구 모 장소에서 기자들과 만난 자리에서 양현석은 만 22세가 된 씨엘에 대해 말하면서 "사람이 물오르는 나이가 있는데 씨엘채린이 딱 그런 것 같다. 씨엘의 나이가 내 나이의 반도 안 되는데 물이 오른 것 같다."라고 칭찬했다. 같은 해에 발표했던 '나쁜 기집애'란 싱글 앨범의 성적에 대해선 이미지 자체에 대해 기대감이 높아졌다고 말하게 된다.

무슨 의미였을까? 지난 2012년 3월 27일 SBS 강심장에서 씨엘이 한 말에 대해 미안한 마음을 표현한 건 아닐까?

당시 방송에서 씨엘은 양현석에 대한 섭섭함을 이야기하면서 "우리도 걸그룹인데 자꾸 못생겼다고 한다."라고 말하며, "리허설을 할 때는 민낯으로 하는 경우가 많은데 그 모습을 보고 '아, 진짜 못생겼다'고 말해서 섭섭했다."라고 말했던 적이 있다. 이를 미안하게 여기던 양현석이 그 이듬해에 기자들 앞에서 씨엘에게 고맙고 아끼는 마음을 표현하게 된 것으로 보게 된다. 그리고 양현석은 거기에 그치지 않고 씨엘에 대한 배려를 이어간다.

투애니원2NE1이 2014년 2월 27일 자정에 정규 2집 앨범 '크러쉬

CRUSH'을 발표하게 되었는데, 이 앨범에는 씨엘이 처음으로 작사, 작곡한 곡을 세 곡이나 수록했다는 것 외에도 당시 앨범 발표 시점이 그룹의 리더인 씨엘의 생일에 맞춘 것이란 사실이다. 이에 대해 씨엘은 양현석 사장님이 로맨틱하다는 감사의 표시를 전하기도 했다. 지난 시절에 섭섭함이 사라지게 되는 순간이다.

씨엘이 만든 노래에 대한 평가는 어땠을까? 이를 바라보는 양현석이 말하길 "음악에 대한 평가는 여러분들의 몫이지만 처음 접했을 때 제 느낌을 한마디로 표현하자면 '놀랍다!'였다."라고 소감을 밝혔다. YG엔터테인먼트의 리더로서 그를 바라보는 수많은 팬들에게 '기대해도 좋다'는 표현을 하는 것 역시 씨엘에 대한 믿음에서 비롯된 것이라고 본다.

드디어 2014년 2월 27일 투애니원의 앨범 음원이 공개되고 '컴백홈' 노래가 2월 27일 오전 7시 기준 9개 음원 사이트에서 실시간 1위를 기록했다. 이에 본격적인 복귀 무대 공연을 앞두고 있는 투애니원 멤버들과 씨엘에게 양현석은 다시 문자를 보낸다.

"축하한다, 애들아. 그동안 고생 많았다. 이제 편안한 마음으로 무대에서 즐겨라!"

씨엘과 양현석의 첫 만남과 그동안의 스토리를 보면, 양현석의 소속 아티스트들에 대한 배려와 정, 의리를 확인하게 된다. 평소엔 소속 아티스트들과도 친구처럼 지내며 나이 차를 느끼지 않게 해주는 성격이지만, 일할 때 무대와 음악에 대해서만큼은 회사 내에서도 '독사' 또는 '매의 눈'이 되는 것으로 유명하다.

최선에 만족하지 않으며 최고에 이른다

무대를 앞두고 최선의 노력을 다하는 아티스트들에게 양현석은 '이제 그 정도면 됐다'고 말하는 법이 없다. 지금도 훌륭한데 조금만 더 하면 '최고가 되겠다'고 말해주는 사람이다. 그의 말을 믿고 따르는 아티스트들 역시 이의를 제기하지 않는다. 양현석은 자신보다 어린 아티스트들의 무대를 위해 그 역시 감각을 잃지 않으려고 클럽 무대에서 DJ를 서기도 한다는 사실을 잘 알기 때문이다. 그래서 양현석은 자신이 직접 믹싱을 맡았던 '강남스타일' 앨범 역시 단순한 우연의 일치라고 말하진 않는다.

"싸이의 성공은 K팝 때문이 아니에요."

세계적으로 K팝 붐이 일어나는 데 성공한 것은 싸이의 강남스타일 때문만은 아니라는 이야기다. 그리고 K팝의 인기 덕분에 싸이의 '강남스타일'이 성공했다는 이야기도 아니었다. 양현석은 싸이의 성공 이유를 '미국에 그런 가수가 없어서'라고 했다. 대중들이 필요로 하는 가수였지만 기존에 그런 가수가 없었기에 성공할 수 있었다는 뜻이었다.

그리고 싸이가 성공한 건 우연이 아니라고도 했다. 노래를 만들다 보니 어쩌다가 성공한 거라고 보는 사람들에게 양현석은 단언하며 고개를 가로저었다. '강남스타일'은 싸이의 캐릭터가 제대로 반영되고 싸이 스타일대로 만든 음악이다. 그런 노래이기에 미국이나 유럽, 아시아인들에게 통하는 세련된 음악이 되었다고 얘기한다.

사실, 양현석은 JYP의 박진영에 이어 세븐을 미국 시장에 진출시키려고 계획하던 시기가 있다. SM의 보아가 미국 시장에 문을 두드리던 시기이기도 했다. 하지만 세븐, 보아, 원더걸스 모두 기대할 만한 눈에 띄는 결과를 만들지 못하고 돌아왔다. 원더걸스는 일부 멤버가 JYP를 나가고, 일부 멤버는 결혼을 했다. 보아는 국내와 일본을 오가며 활동 중이다. 세븐 역시 군대에 입대했다.

뭐가 잘못된 판단이었을까? SM이나 JYP, YG 모두 미국 시장에 들어간다고 하면서 미국 가수처럼 했다는 게 오판이었다. 보아가 미국 팝송 가사를 노래하고, 원더걸스가 미국의 과거 인기 그룹을 흉내 내며, 세븐이 어색한 영어 발음을 하는 동양에서 온 힙합 가수였다는 점이다. 바꿔 말하자면, 우리나라에 K팝 가수가 되겠다며 다른 나라에서 온 인기 가수들이 어색한 한국어 발음으로 노래를 하고, 우리나라의 과거 인기 가수를 흉내 내며, 우리나라 전통가요를 부른 셈이다.

손뼉은 쳐줄지언정 스타로 받아들이진 않는 게 당연했다. SM과 JYP와 YG는 그들이 좋아하던 미국 음악을 그대로 따라하며 미국 사람들이 좋아할 만한 이미지를 만들어서, 소속 아티스트들을 그들이 좋아하는 식으로 꾸며 보냈던 게 오판이었다.

미국 스타일 노래를 한국 가수가 일본에서 부르는 건 가능했다. 중국이나 싱가포르, 아시아에서 부르는 건 가능했다. 현지에 미국 노래를 좋아하는 팬들이 한국 가수가 부르는 노래를 좋아해 줬다. 하지만 미국 본토에까지 그대로 가는 건 무리였다.

그래서 양현석의 판단이 중요하다. 양현석은 싸이가 가진 캐릭터의 힘이라고 했다. 노래를 부르며 관객들을 불러일으켜 세울 수 있는 가수 싸이의 힘이었다. 여기에 '강남스타일'이란 노래가 세계 각 사람들의 마음에 들어가서 인기를 얻게 된 이유라는 의미였다.

아티스트들의 장점을 극대화하고 충분히 발휘할 수 있도록 믿고 기다리는 CEO로서의 양현석은 스스로 말하길 "CEO로서 나의 역할은 아티스트들이 감춰진 재능을 마음껏 펼칠 수 있도록 최적의 '배열'과 '조합'을 하는 일"이라고 고백한다.

양현석은 서태지와 아이들로 활동하는 동안 서태지와 갈등이 없었던 것은 각자 맡은 역할이 명확했기 때문이었다고 말한다. 서태지가 음악을 담당했다면, 양현석은 음악에 맞는 안무와 패션, 스타일을 담당했기 때문에 부딪칠 일이 없었다고 하며, YG에서 자신이 할 일은 프로듀서들이 음악을 만들 수 있는 환경을 만들어주고 춤, 패션, 스타일에 대한 지침을 주는 것이라고 말한다.

과연 양현석은 스타의 가능성을 어떻게 판단할까? 스타가 되고자 찾아오는 수많은 지망생 중에서 나이에 상관없이, 학력에 상관없이, 외모에 상관없이 성공할 가능성이 있는 인재를 찾아내는 방법은 뭘까?

외모는 중요하지 않다. 양현석은 지망생의 외모는 잘 안 본다고 했다. 그 대신 그 사람에게 잠재된 재능이 양현석의 마음을 움직이는지 본다고 했다. 양현석은 흔히 말하길 성격이 못됐다거나, 엉망이어도 좋다고 한다. 다만, 무대 위에서 자기 소질을 마음껏 발휘하는 사람이어야 한다고 강조한다. 평범한 기준은 아니라고 말한다.

가령 오디션을 볼 때 가장 중요한 것은 탁월한 재능이 맞지만, 양현석은 그 사람의 숨어 있는 잠재성을 본다고 한다. 빅뱅의 '대성'이 처음 나왔을 때, 사람들은 '쟤는 정말 노래를 잘하는가 보다.'라고 생각했다고 한다. 물론 회사 내에서 반대도 있었지만 양현석은 대성이의 웃는 표정이 정말 매력적이라고 생각했고 모든 사람을 기분 좋게 대하는 감성이 보여서 캐스팅했다고 밝혔다.

03 또, 오기가 생기네요

"다른 오디션에서 준우승한 사람이 여기에 왜 왔어요?"

보아가 물어봤다.

긴장된 표정으로 무대에 서 있던 참가자는 다른 친구들은 기획
사에서 연락을 다 받아서 갔는데 자기만 연락을 받지 못해서 다시
나왔다고 했다. 자신이 연락을 못 받은 이유를 알 수가 없다는 말
도 했다. 2012년 11월 25일 SBS K팝스타에 출연한 오디션 참가자
'송하예'였다.

"그건 송하예 씨가 거기서 필요하지 않아서 그래요."

이번엔 양현석이었다. 잔뜩 풀이 죽어서 자신감도 잃은 것으로
보이는 송하예에게 말했다. 평소 TV를 통해 보이는 따뜻한 양현

석답지 않은, 엄하고 냉정한 이야기였다. 하지만 생각해 보자. 양현석이 왜 그랬을까?

양현석에 대해 이야기하기 전에 박진영과 보아의 심사 결과를 말하자면 그 두 사람은 송하예를 탈락시켰다. 인위적인 말투가 문제였고, 송하예가 부르는 노래도 모창가수 이미지만 보였다는 평가들이었다.

SBS 방송국에서 방송하는 오디션 프로그램 K팝스타 무대에 올라온 송하예, 앞서 다른 오디션에서 준우승을 할 때는 가수의 꿈에 한 발자국 더 다가간 기분이었을 그녀가 친구들은 모두 기획사에 들어갔는데 혼자만 남아 또다시 K팝스타에 출연했을 때 어떤 기분이었을지는 아무도 신경 쓰지 않는 분위기였다. 시청자들은 무대에서 심사위원들 앞에 선 송하예를 보며 마치 자신의 일처럼 안쓰러운 느낌을 갖는 순간이었다.

송하예 역시 이번에도 탈락하면 가수의 꿈을 다시 가져볼 엄두를 못 낼 게 뻔해 보이는 상황이었다. 필자가 보기에도 카메라에 비춰지는 송하예의 얼굴은 자신의 앞에 앉은 심사위원들의 날카로운 심사평에도 도대체 자기에게 무슨 일이 벌어지는지 감당하기 버거운 마음 상태로 보였다.

잔뜩 긴장하고 얼어붙은 상태임에도 오로지 자신의 꿈인 가수가 되기 위해 오디션에 지원한 어린 사람에게 심사위원들이 언니로서, 오빠로서 해줄 수 있는 말이라 하기엔 시청자들이 느끼기에 19세 소녀 송하예가 안타깝게만 여겨지는 순간이었다. 그때였다.

"또 오기가 생기네요."

양현석은 탈락의 위기에 처한 송하예에게 와일드카드(심사위원 권한으로 다음 단계로 진출할 수 있는 생존권)를 썼다. 양현석은 송하예가 노래를 부를 때 나타나는 버릇은 다른 가수들에 비해서 나쁜 버릇은 아니라고 말했다. 그리고 송하예에게 말했다.

"이런 비유가 맞는지 모르겠어요. 불치병에 걸려서 이 병원에 가도 고칠 수 없다고 하고, 저 병원에 가도 고칠 수 없다고 말을 듣는 환자의 절박한 모습을 보며, 한 번 고쳐 보겠다고 할 수 있다고 말해주고 싶은 심정이에요. 안 좋은 습관만 고치면 가능성 있다고 생각해요. 그래서 기회를 주는 게 맞다고 생각해요."

양현석이 아티스트를 대할 때 단점 대신 장점을 많이 본다는 걸 확인하는 순간이었다. 이처럼 양현석은 사실, 소속 아티스트들과 가깝게 지내는 '형'이자 '오빠'의 존재와 같다. 데뷔부터 양현석과 같이 한 지누션Jinusean 멤버들은 양현석을 형이라고 부른다.

양현석의 본래 모습이기도 하다.

그러나 양현석은 YG 아티스트들에겐 매우 엄한 사람, '매의 눈' 또는 '엄한 프로듀서'로 유명하다. 2012년 SBS 힐링캠프에 출연한 양현석을 통해서도 사람들은 그의 권위와 소속 아티스트들에게 대하는 엄한 프로듀서라는 이야기를 확인할 수 있었다.

예를 들어 양현석은 소속 아티스트들과 식사를 같이 하지 않으며, 그 대상은 빅뱅이나 투애니원도 마찬가지다. 스스로 무서운 존재가 되어야 함을 강변한다. 그래야만 매니저들이 아티스트들과 일할 수 있다고 얘기했다. 실제로 소속 가수들은 양현석과 식사를 하게 되거나 같은 자리에 있을 경우 경직된 모습을 보이며 긴장을 하는 모습을 보여주기도 한다.

다른 방송에 출연한 지드래곤도 마찬가지였다. 양현석에 대해 같은 이야기를 했다. "양현석 사장님이 저희들에게 따뜻하게 대해주는 모습은 없었다."라고 말하며 항상 퉁명스럽게 말하던 분이란 이야기를 했고, 심지어 그림자를 밟기도 무서운 느낌이었다고 전했다. 그러던 양현석의 모습이 달라진 건 양현석이 결혼하고 나서부터였다는 게 지드래곤의 이야기다.

도대체 어느 정도이기에 YG 아티스트들이 무서워하는 양현석일까?

시간을 거슬러 가보자. 2009년 방송된 Mnet의 '2NE1 tv 시즌 1' 방송에서다. 빅뱅의 촬영장에 양현석과 투애니원이 방문하는 일정이었는데 대기실이 하나뿐이었고 공교롭게도 주문한 도시락들이 한꺼번에 배달되었다. 도시락을 들고 장소를 옮길 곳도 없었다. 식사할 장소를 찾아서 이동하기에도 애매하고 다 같이 식사를 할 수밖에 없었다. 이때 기억을 떠올리는 씨엘CL은 '양현석 사장님'과 같이 식사를 하다니, 그건 처음 있는 일이라서 너무 긴장되었다고 털어놨다.

과연 양현석은 처음부터 그랬을까? 아니라고 본다. 양현석의 본래 모습은 YG 아티스트들이 말하는 그런 모습이지 않았고, 오히려 연예계에서 기획사 사장으로 살아가다 보니 많이 바뀌게 되었을 것이란 생각을 하게 되는 계기가 있다.

2007년 세븐의 미국 공연을 준비하던 시기다. 양현석이 평소 아끼던 아티스트로부터 마음에 큰 상처를 입게 되었던 일이다. 물론 지금은 서로 오해를 풀고 가깝게 지내고 있지만, 그 당시 경험은 양현석 개인에게 있어서 아티스트들에게 골고루 사랑을 준다고 해도 누구에게는 부족한 사랑이 될 수도 있겠다는 걸 깨닫게 된 계기였을 것이다. 그 이후 양현석은 소속 아티스트들 모두에게 골고루 권위를 갖고 대하는 방식을 선택한 것으로 보인다.

이에 대해선, 2006년 5월 15일 양현석은 자신이 직접 올린 글에 대해 추가 글을 올리며 '조금 더 어른스러워지는 방법을 고민하고 돌아오겠다.'라는 마음의 상처를 다듬는 고백이 있다. 양현석이 가졌던 상처는 YG를 떠나겠다는 아티스트로 인해 생겼던 상처였는데, 그 내용은 이렇다.

양현석은 당시에 그 아티스트가 YG에 합류하게 된 이후 4년 동안 같이 일하던 중이었다. 2002년에 1집 앨범을 출시하게 되었으니 1998년부터 양군기획을 운영하면서 같이 일했던 가수였는데, 고마운 사람에 대해선 반드시 보답을 해주는 양현석인 만큼 그의 앨범 홍보에 양현석이 직접 쏟았던 정성이 컸던 상황이었다. 당시만 하더라도 양현석은 대외 노출을 꺼리며 음악 만들기에만 열중하던 생활이었는데, 이 가수의 앨범이 출시되면서 직접 홍보에 뛰어다니게 되었고, 그의 모습을 본 동료 가수들과 방송가 사람들이 기꺼이 도와주었다.

가령, 당시 양현석 스케줄은 이렇다. 아침 8시부터 여러 달 동안 신문사와 방송사를 찾아다닌 것은 물론이고, 가장 친하면서 가장 어려운 친구인 '서태지'에게도 찾아가서 데모 음악을 들려주며 서태지의 공연을 통한 이 가수의 '데뷔 무대'를 성사시켰던 일도 있었다. 그 외에도 신승훈을 찾아가서 홍보를 부탁하기도 했다.

양현석이 어려웠던 시절 그와 함께 같이 버텨주고 곁에 머물렀던 가수에 대한 애정 때문이었다.

그러나 2002년 첫 앨범 출시 후, 인기를 얻은 그 가수는 작은 오해로 양현석의 곁을 떠날 결심을 하게 되었고, 이로 인해 양현석은 마음에 큰 상처를 갖게 된다. 나중에 그 가수가 양현석을 다시 만나서 오해를 풀게 되면서 양현석이 알게 된 사실은 '양현석의 애정이 골고루 모든 아티스트들에게 똑같게 느껴지지 않는다'는 부분이었다.

힘든 시절을 같이 보낸 그 가수는 양현석이 자기를 가장 아껴주는 것이라 여기고 믿고, 같이 가리라고 여겼는데 어느 날 보니까 양현석이 다른 가수를 더 챙겨주며 미국 공연, 일본 공연 등을 추진하는 걸 보고 양현석에게 실망감을 가졌다고 했다. 그래서 양현석과 자신이 약속했던 대로 지킬 수가 없었다고 고백했다. 재계약에 대해 물어볼 때 양현석과 가장 먼저 의논하겠다는 약속도 지킬 수가 없었다는 말이었다.

결국, 2006년에 겪은 이 일로 인해 양현석은 아티스트들과 가깝게 지내는 태도를 바꾸고 엄격한 권위를 가진 프로듀서로 변모하게 되었던 것으로 보인다. 그 대상은 2006년 10월 1일 KBS2 뮤직뱅크로 데뷔 무대를 가진 빅뱅은 물론이고, 2009년 데뷔한 투애니원에게도 마찬가지였다. 그 이후에 YG에 들어오는 모든 아티스트들에게도 양현석의 스타일은 변하지 않았다.

하지만 2006년 5월 그 당시에 양현석이 마음 아팠던 진짜 이유는 가수 때문은 아니었을 것이다. 1998년부터 양군기획을 운영하면서 멋진 아티스트들과 '좋은 음악 만들기'에 최선을 다하며 살아오다가 갑자기 겪게 된 냉정한 세상의 이면 때문이었지 않을까?

그 당시 양현석에게 다가온 회사가 하나 있었다. CF에 들어갈 랩을 만들기 위해 YG 소속 아티스트에게 녹음을 부탁하러 온 회사였다. 강남에 소재한 그 회사의 담당자는 합정동에 있는 YG까지 여러 번 방문하였고, 양현석은 좋은 마음으로 랩 작업에 참여하기로 하면서 미국에 머물던 원타임의 테디에게까지 부탁해서 인터넷으로 녹음 작업을 하게 되었다.

단 한 번만으로 끝날 것 같았던 랩 작업은 여러 차례 반복 수정하면서 일주일간 이어졌다. 담당자는 양현석에게 대가로 YG에 랩 참여 비용을 주겠다고도 말했지만 양현석은 그 제안도 사양하면서 기쁜 마음으로 참여했던 작업이었다.

그런데 좋은 마음으로 작업을 해준 양현석에게 얼마 지나지 않은 시기에 커다란 마음의 상처를 안겨준 건 공교롭게도 바로 그 회사였다. 나중에 YG에서 그 가수를 데려간 회사였다. 양현석 마음에서는 좋은 취지로 했던 작업으로 인해서 오히려 아끼던 아티스트를 빼앗기게 된 상처로 남은 기억이 되었던 걸 알 수 있다.

"또 오기가 생기네요." 이 말은 그래서 양현석이 냉정한 세상과 승부하며 오로지 '좋은 음악 만들기'로 이기겠다는 각오와도 같다. 달면 삼키고 쓰면 뱉는 세상의 냉정함 대신 좋은 음악을 많이 만들어서 세상에 유익한 역할을 하겠다는 양현석 스타일의 세상살이 대처법이기도 하다.

그래서 양현석은 엄하다. 아니, 엄해야만 했다.

YG 아티스트들에게 엄한 게 아니었다. 양현석은 세상의 냉정함에 그 역시 스스로 엄하게 대하면서 맞서는 중이었다. YG 아티스트들에게도 착하게 살되 약하게 살진 말라는 가르침이기도 했다. 마치 그런 것, 마음이 약하고 정이 많기에 세상에 휘둘리기 쉽고, 사람들에게 상처받기 쉬운 사람이 스스로 강하게 보이기 위해 강한 척하는 것과 같다.

물론 양현석이 아티스트들과 마냥 냉정하고 엄격한 프로듀서 관계로만 지내는 것은 아니다. 사람은 오래도록 만들어온 타고난 천성을 바꾸기 어렵다. 양현석 역시 이젠 가족이 되어 버린 그의 아티스트들에게 겉으로 대놓고 표현은 못 하지만 속으로 친가족 이상으로 가깝게 지낸다.

대표적인 예가 빅뱅 멤버 대성의 교통사고가 터졌을 때다. 양현석은 그 당시를 기억하며 그때부터 자신에게 "공황장애가 왔다."라고 고백했다. 지금도 약을 먹으며 지낸다는 양현석에게 인간으로서의 연민이 느껴진다는 사람들이 생기기 시작한 무렵이다.

비 온 뒤에 땅이 더 굳어진다고 했다. YG엔터테인먼트는 음악 만들기에 있어서 그 어느 회사보다도 프로듀서 시스템에 의한 작업을 추구한다. 싸이의 성공으로 더욱 활발하고 폭넓게 연결된 미국 내에 프로듀서들과 인맥을 형성하고 네트워크를 갖는 것은 물론이다. 한국의 영화계가 작가나 감독, 제작자 위주로 운영되던 상황이 점차 바뀌어 어느 순간 프로듀서 체제 위주로 운영되는 것처럼 음악 분야도 마찬가지라고 보는 이유다.

그렇게 하기 위해, YG에서는 프로듀서를 발굴하고 자체 회사 내에서 양성하기에도 힘쓴다. YG에서 시작부터 같이 지내온 페리Perry, 테디, 지드래곤, 쿠시 등이 양현석과 함께 작업하는 프로듀서들이다.

예를 들어 보자.

2006년 10월 1일 KBS 2 뮤직뱅크에서 방송 데뷔 무대를 가진 빅뱅은 첫 번째 싱글로 수록된 'Intro Put yout hands up'이란 곡을 통해 앞으로 펼쳐질 빅뱅의 음악적 색깔을 보였는데 이 곡은

| 빅뱅

지드래곤 작사, 지드래곤 · 용감한 형제 작곡이었다. '용감한 형
제'는 YG에서 가수 데뷔를 준비하다가 독립해서 작곡으로 돌아
선 프로듀서이므로 YG 가족이라고 말할 수 있다.

데뷔 무대 두 번째 곡, 빅뱅의 싱글 2집 'BIGBANG IS V.I.P.'
'La La La'는 음악에 대한 자신감을 경쾌한 리듬으로 표현한 노래
로 소개되었다. 'La La La' 역시 빅뱅 작사, 페리Perry 작곡이었다.

세 번째 곡으로 소개된 'V.I.P'는 빅뱅 작사, 지드래곤 · 김도
현 작곡으로 직접 작사에 참여한 멤버들의 랩핑Rapping만으로 구
성된 강렬한 느낌을 선사했는데, 김도현은 '디지Deze'로 2000년 소

울트레인 멤버로 활동하다가 YG에 객원 작곡가로 합류한 사람이다. 이 남자가 세븐의 'Crazy'를 작곡했고 이효리의 솔로 데뷔곡 '10minutes'를 작곡했다.

정리해 보자. 양현석이 만드는 프로듀서 체제의 음악 만들기 환경이 시작된 지 이미 꽤 흘렀다는 사실을 확인하게 된다. 아름답지 못한 세상의 이면의 차가움이 양현석으로 하여금 YG 아티스트들에게 엄하게 대하게 된 계기가 되면서 결과적으로는 YG의 음악은 YG 가족들이 만든다는 'YG 스타일'을 만들게 해준 셈이 아닐까?

비즈니스상에서 벌어지는 '배신', '음모'에 휘둘리지 않은 양현석이 YG를 이끌어 오는 방법이 되었다. 결과만 놓고 보자면 그 가수와 그 회사는 양현석에게 분명 도움이 된 사람들이었다.

이 사람과 함께 일하면
더 큰 날개를 달겠구나!

2010년 8월 27일, 싸이와 양현석은 전속계약을 체결한다. 정확하게 말하자면 싸이는 YG엔터테인먼트 소속 아티스트가 되었다. 싸이는 왜 YG를 선택했을까? 그리고 양현석은 왜 싸이를 만나서 함께 하자고 했을까? 아티스트의 장점을 높이 보는 양현석만의 안목이 주효했던 순간이었다.

2012년 싸이는 '강남스타일'을 선보였고 사람들이 유튜브에서 '강남스타일' 뮤직비디오를 조회한 횟수는 2014년 6월 기준 20억 회를 넘기며 세계 사람들을 노래 한 곡으로 들썩이게 만들었다. 싸이가 선보인 춤은 말 춤이었고 동서양을 가리지 않고 모두가 노래 한 곡으로 즐거워했다.

우연이었을까? 아니면, 싸이와 양현석이 만들어낸 흥행 음악 덕분이었을까?

　물론 '강남스타일'의 성공을 의도했던 건 아니었다. 이에 대한 양현석의 이야기처럼 '싸이'라는 캐릭터의 힘이기도 했고, 동·서양에 모두 통용되는 세련된 음악의 힘이기도 했다. 여기에 '강남스타일'의 뮤직비디오 영상을 양현석이 밤새워 편집하는데 직접 참여했다는 사실이 추가된다. 싸이의 장점을 눈여겨본 양현석의 안목과 싸이의 재능, 그리고 YG엔터테인먼트라는 시스템하에서 이뤄낸 대형 이벤트의 성공이라고 보는 게 정확하다.

　한국 음악을 세계에 퍼뜨려 공전의 히트를 친 두 남자, 싸이와 양현석은 만남은 2001년으로 거슬러 올라간다. 그 당시엔 싸이Psy가 '새'란 노래로 음악방송 프로그램 1위를 노리던 상황이었고, 경쟁자는 YG 소속의 지누션Jinusean이었다.

　"현석이 형이 나를 듣지도 보지도 못한 가수로 봤는데 내가 그날 지누션을 제치고 1위를 했어요. 솔직히 가수들이 5주 연속 1위하면서 우는 것을 이해 못 했는데, 그날은 저도 무대에서는 울지 않았지만 눈물을 흘리며 무대 밑으로 내려왔죠. 근데 무대 아래에서 현석이 형이 날 보더니 '매니저들 이리 와 봐!'라고 소리를 지르는 거예요."

2012년 8월 힐링캠프에 출연한 싸이가 방송에서 꺼낸 기억이다. 그리고 싸이는 양현석이 어떤 사람인지 알게 된 계기로 YG엔터테인먼트의 대표인 그가 가수들의 음반 믹싱을 직접 하는 걸 본 순간을 꼽았고 그와 같이 해야겠다는 마음이 정해졌다고 고백했다. 양현석과 함께 하면 더 큰 날개를 달겠다는 확신을 가진 순간이었다.

물론 YG에 들른 싸이가 양현석이 일하는 모습만 보고 마음을 결정한 것은 아니었다. 하지만 대형 기획사 대표가 소속 가수들의 음반 작업에 직접 참여할 수 있는 실력을 가졌다는 건 아티스트 입장에서 큰 장점이었다. 양현석은 YG와 함께 할 아티스트들을 만날 때 그의 장점을 눈여겨보듯이 그들에게 자신의 장점을 보여주는 방법도 알고 있는 남자라는 게 드러난다.

그렇게 양현석을 바라보며 모인 아티스트들이 YG엔터테인먼트 가족이 되었는데 빅뱅, 지드래곤, 원타임, 박봄, 싸이, 산다라 박, 탑, 투애니원, 타블로 등의 가수진과 유인나, 구혜선, 강혜정 등의 배우진들이 포함된다.

양현석은 자신과 함께 걷는 아티스트들을 위해 그들에게 더 큰 날개를 달아주기 위해 모든 배려를 아끼지 않는다. 그 유명한 YG엔터테인먼트의 식당에서부터 전문 장비를 갖춘 13개에 이르는 스튜디오, 체력 단련실과 고가의 태닝 시설까지 갖춘 휘트니스룸 역시 아티스트들과 YG 가족들을 위한 시설들이다.

그래서 연예계 사람들이나 가수, 연기자 등의 아티스트들은 YG엔터테인먼트와 함께 하고 싶다고 이구동성으로 입을 모을 지경이다. 물론 현실적으로는 양현석과 서로 뜻이 맞아야 한다는 전제 조건이 붙지만 말이다.

그럼 YG엔터테인먼트는 오로지 YG 소속 아티스트들만 매니지먼트를 할까?

이 원칙이 예외가 된 경우가 한 번 있다. 2011년 데뷔한 '라니아'라는 걸그룹의 경우다. 무슨 일일까? 왜 양현석은 YG 소속도 아닌 걸그룹을 위해 앨범 프로듀싱을 맡았을까? 심지어 YG 전체가 나서서 '라니아'를 지원하기도 했다. 2012년 9월 21일, YG엔터테인먼트는 공식적으로 보도자료까지 내고 양현석이 라니아 걸그룹의 프로듀싱을 맡았다고도 발표했다. 싱글 앨범의 안무, 뮤직비디오까지 담당했다고 상세하게 적기도 했다. 이게 끝이 아니었다. YG 소속 작곡자들도 나서서 노래를 만들어 줬다. 양현석은 한 걸음 더 나아가 걸그룹 라니아의 데뷔곡 '닥터 필 굿Dr. Feel Good'을 방송 관계자들에게 추천해 주기도 했다. 라니아 멤버들이 당시 양현석을 가리켜 '양세주양현석+구세주'라고 불렀던 것도 그럴 만했다.

도대체 무슨 일이 생긴 걸까?

그건 다름 아닌 양현석이 어려웠을 때 도와줬던 사람, 라니아 소속사 DR뮤직 대표에 대한 은혜 갚기 차원이기도 했다. 양현석이 1996년 킵식스가 잘 안 되어 경제적으로 어려울 때 사무실 공간을 내어준 사람이기도 했다. 가장 어려웠던 시기에 도움을 줬던 고마운 사람에게 양현석이 도움을 갚는 방식이다. 생각해 보자. 양현석이 가장 어려웠을 때 도움을 주는 사람을 잊지 않는다는 건 어려움에 처한 사람의 낭패감과 절박함을 누구보다도 잘 알게 된 계기가 되었다고 볼 수 있다.

그럼 이건 어떨까? 양현석이 세간의 억측과 풍문 속에서 힘들어했던 타블로를 영입하고, 대마초 사건과 병역 이행 문제로 이미지가 추락하던 싸이에게 손을 내밀며 함께 하자고 얘기해준 것 역시 양현석 스스로가 힘든 상황이 어떤 것임을 잘 알기에 아티스트들에게 용기를 주기 위한 것이었음을 말이다.

아티스트에게 더 큰 날개를 달아준다는 건 생각하기에 따라 관점의 차이가 있겠지만 사실 어려운 건 아니다. 앨범 제작비를 지원해 주고, 방송 출연 횟수를 늘려주는 것 정도를 말하는 게 아니다. 그 정도의 '날개'는 대부분의 기획사들이 충분히 할 수 있는 일이다. 경제적 여건만 어렵지 않다면 말이다. 그래서 아티스트들에게 조언자로서 참여해 주는 게 중요하다는 얘기다.

아티스트들에게 '날개'란 경제적 지원이나 앨범 제작, 방송 출연을 말하는 게 아니라, 아티스트들이 자신의 한계에 빠져 원하는 만큼의 창작을 만들어 내지 못할 때 곁에서 이들을 응원해 주고 실질적으로 도움되는 아이디어를 말한다. 그래서 싸이의 말처럼 양현석이 가수의 음반 믹싱 작업을 해주거나 뮤직비디오 영상 편집에 직접 참여한다는 것은 말하기처럼 쉬운 게 아니다. 아티스트들이 가장 필요로 하는 부분을 양현석이 실질적으로 도움을 준다는 얘기다.

2006년 8월 첫 앨범을 출시하며 데뷔한 빅뱅이 2006년 10월 1일 뮤직뱅크에 방송 첫 데뷔 무대를 갖는 순간 음악계와 패션계 등 연예계 사람들은 빅뱅의 패션 스타일과 음악 구성, 춤과 그들의 작사 작곡 능력을 보고 놀라워했다. 기존에 없었던, 또는 보기 힘들었던 가수 그룹의 출현이었기 때문이다.

어떻게 가능했을까? 맞다. 양현석이 그들의 곁에서 음반 작업에 참여하고, 패션 스타일을 조언해 주며 전체적인 스타일링에 참여했기에 만들어진 결과였다. 상품이라고 하면 장인의 손길에서 만들어진 최고의 상품이 있을 때 상품을 포장하고 감싸서 진열하는 일이 양현석의 역할이라고 할 수 있다.

'이 사람과 함께 하면 더 큰 날개를 달 수 있겠다'고 생각한 싸이의 판단이 틀리지 않았음을 확인하게 되는 대목이다. 시간을 거꾸로 돌이켜 보더라도 2001년에 양현석을 처음 만난 '싸이'이기에 2010년 YG에 들어가서 양현석과 함께 하고자 결심하기 전까지 오랜 시간 양현석을 지켜보았을 것이다.

근 10년에 가까운 시간 동안 양현석을 지켜보고, YG엔터테인먼트의 발전을 눈여겨보면서 자신의 미래를 함께 해도 좋겠다는 판단을 하게 된 것이라고 봐야 한다.

양현석이 장점이 드러나는 순간이다. 사람들은 YG엔터테인먼트의 구내식당의 음식이 맛있고, 시설이 좋으며, 아티스트들이 자신의 감성대로 작업할 수 있다는 것에 대해 부러워하고 감탄하지만 그게 양현석의 전부가 아니라는 점이다. 가령, YG에 연습생으로 들어가기 어렵지만 나오기도 어렵다는 말은 그 주체가 양현석의 인간미인지, 아니면 YG의 시설 때문인지 명확하게 구분해야 하는 게 중요하다.

양현석은 서태지와 아이들 멤버로 그 바쁜 활동 중에도 가수 박선주로부터 화성학을 배우고 작곡에 대해 배운 노력파라서 그렇다. 서태지와 아이들이 해체한 후에 1996년엔 비록 실패로 끝나긴 했지만 스스로 가수 그룹을 제작해서 데뷔시킨 경험의 소유

자이기도 하다.

그 결과, 해야 할 일과 해선 안 될 일에 대한 기준을 갖게 되었고, 1998년 '악마의 연기'라는 곡으로 양현석이란 솔로 가수의 성공을 직접 만들어 보기도 했고, 양군기획 소속 아티스트로 지누션을 데뷔시키며 본격적으로 제작자로서도 성공한 양현석이기에 그렇다. 스타가 되는 사람과 그렇지 않은 사람, 스타가 해야 할 일과 해서는 안 될 일을 명확하게 구분할 수 있는 사람이 양현석이란 이야기다.

그래서 '함께 하면 더 큰 날개를 달아주는 사람'이 바로 양현석이란 이야기가 확인된다. 서태지와 아이들을 하면서 이주노를 추천하고 패션과 스타일을 꾸미는데 아이디어를 제공하던 양현석이기에, 한 번의 실수를 두 번 다시 반복하지 않을 정도로 일에 있어선 냉철한 판단력을 가진 리더이기에 YG의 아티스트들의 등장이 더욱더 기대되는 이유다.

가령, 양현석은 프로듀서로서 인기가 있다고 섣불리 데려와서 그룹을 만들고 팀을 짜는 일은 더 이상 하지 않는다. 자신의 기대감만 갖고 노랫말 발음도 서투른 교포 출신 보컬을 만들지 않는다. 섣부른 마케팅으로 신비주의 방식도 사용하지 않는다.

'음악 만들기'에 있어서는 1992년 MBC 방송에 첫 출연했을 당시에 '판단은 시청자들이 하는 것'이라고 해준 전영록의 이야기를 기억하고 있을 것이며, 서태지와 아이들 당시 서태지가 음악을 만드는 창작의 고통을 지켜보며 아티스트들이 필요로 하는 게 무엇인지 양현석이 스스로 알게 되었을 것이기에 그를 보며 더 큰 날개를 달려는 아티스트들이 YG로 모이는 것 아닐까?

아티스트들이 아무리 데뷔를 빨리 하고 싶어도 '때'가 아니라면 아무 말도 해주지 않는 프로듀서로서의 냉정함을 가진 것은 물론이고, 연습을 게을리하거나 자신의 재능이나 외모만 믿고 노력하지 않는 사람들에겐 엄포를 넘어 눈물 쏟을 정도의 혼을 내는 선배이기도 하다.

또한, 춤을 가르쳐주기로 한 서태지와 약속한 걸 나중에라도 반드시 지켰듯이 양현석을 믿고 YG에 들어온 연습생들과 지망생들, 아티스트들에게 그들이 원하는 걸 반드시 이뤄주고 싶어하는 양현석이기에 더 큰 날개를 달아주려는 그의 계획들이 더욱 궁금해지는 것도 사실이다. 지누션, 원타임, 세븐, 빅뱅, 투애니원, 싸이 그 다음이 기대된다.

05 싸이, 너답게 유쾌하게 망가져라!

양현석의 아티스트들 중에 스타를 손꼽으라면 지누션, 원타임, 세븐 외에도 빅뱅이나 투애니원도 있지만 2010년 YG 가족이 된 '싸이'를 빼놓을 수 없다. 2001년 방송프로그램에서 양현석을 처음 봤다는 싸이의 말을 빌지 않고서라도, 양현석은 이미 음악계에서 싸이에 대해 모르던 바가 아니었을 것이다. 지누션과의 대결에서 싸이가 우승한 날, 양현석이 매니저들을 집합시켜서 들은 이야기가 무엇이었을까? 누구나 쉽게 상상 가능하다.

"쟤가 누구야?"

"지누션이 왜 쟤보다 부족한 거야?"

"싸이랑 우승 다툴 거라는 생각 안 했어? 그럼 매니저들이 제대로 준비를 했어야지?"

이런 호통이 아니었을까? 1996년 킵식스 실패 이후, 지누선으로 성공 가도를 달리던 양현석이었기에, 더는 두 번의 실패를 용납하지 않기 위해 누구보다도 공을 들였을 터라서 그렇다. 양현석의 노력을 이긴 가수 싸이의 존재에 대해 양현석이 몰랐으리라고는 생각하지 않는다. 누구보다도 철저히 준비하는 사람이었기에 양현석은 분명 싸이에 대해 자기가 알고 싶었던 모든 정보를 갖다 주지 못했던 매니저들에게 야단쳤을 것으로 여겨진다.

　이런 이유 때문에, 양현석과 싸이의 만남이 어느 정도 성공 가능성이 높았다는 걸 이해하게 된다. 첫 만남 이후 10년을 기다리다가 다가가서 손을 내민 사람이었기에 그렇다. 양현석이 어느 날 갑자기 불쑥 '싸이'에게 관심을 보인 게 아니기 때문이다.

　2001년만 하더라도 양현석 스타일의 사람 만나기는 '지켜보기'가 아니었던가? 여자친구를 사귀더라도 10년 동안 비공개 연애를 하던 남자였고, 현재 아내를 처음 본 이후로 3년 동안 짝사랑을 할 만큼 양현석 그는 '사람과의 만남'이 신중한 성격이었다. 그런 양현석이 세상 누구보다도 먼저 기꺼이 다가가서 싸이에게 손을 내밀었기에 '강남스타일'이란 초유의 히트곡이 탄생했던 것 아닐까? 싸이의 장점을 알고 오랫동안 그의 재능을 눈여겨 본 사람이었기에 예측 가능한 미래를 남들보다 먼저 봤다는 행운을 말한다.

"싸이야, 너답게 유쾌하게 망가져라!"

우선 양현석과 싸이의 만남에 대해 지속 가능한 발전 가능성과 장점을 알아보기 전에, 싸이라는 가수의 등장과 YG 가족이 되기까지의 과정에 대해 음악계에서 들은 이야기를 짚고 넘어가 보자. '싸이' 이야기는 '슬픈 바다', '그 아픔까지 사랑한 거야'로 오빠부대를 몰고 다니며 원조 꽃미남으로 인기를 얻은 가수 조정현과 나눈 대화 중에서 나왔다. 홍대 거리 주차장 쪽에서 삼거리포차 쪽으로 가는 길 중간에 위치한 레스토랑에서 만난 조정현과의 만남은 7080 세대의 추억과 음악 이야기로 시작되었다.

그 아픔까지 사랑~

레스토랑에 들어서서 자리에 앉자 대뜸 귀에 익은 음악이 흘러나왔다. 카운터를 바라보니 레스토랑 사장이 우리가 앉은 테이블을 보며 꾸뻑 인사를 한다.

조정현에게 물어보니 아는 사람은 아니라고 했다. 어리둥절한 상황, 레스토랑 사장이 웃으며 말을 했다.

"조정현 씨가 오셔서 너무 좋아서요."

"아, 네. 감사합니다."

가수는 팬이 있는 곳에서 가수가 된다. 팬이 없으면 가수가 아니라는 이야기가 있듯이 팬과 가수는 함께 할 때 빛이 난다. 그래서일까? 조정현의 얼굴에도 행복한 표정이 깃들었다. 언뜻 생각해 봐도 짧지 않은 시간이다.

1989년에 출시한 첫 앨범 '그 아픔까지 사랑한 거야'로 단박에 톱스타 자리에 올랐던 조정현이다. 조정현의 데뷔는 서태지와 아이들 데뷔보다도 3년 전의 일이고, 1977년생 싸이가 데뷔한 2001년보다는 12년 앞섰다. 한국 가요사에 등장한 꽃미남 발라드 가수 조정현은 세간의 인기를 도맡아 누리며 승승장구한 전성기를 보냈다. 그리고 가수 조정현을 기억하는 팬을 20년이 흐른 어느 날 홍대 거리에서 다시 만났다. 가수와 팬의 만남은 그래서 항상 행복하다.

"싸이가 만든 자리가 있어서 동료 가수들하고 같이 만나곤 했어."

조정현이 말했다. 당시엔 싸이의 작은 아버지도 함께 자리를 했는데 분위기가 무르익고 가수 선배들도 노래를 부르고 어울리며 좋은 시간이었다고 기억했다. 선배들이 노래를 부를 때마다 경청하는 것은 물론이고, 모임을 마치고 돌아가는 길에도 배웅을 나서줬던 분, 무엇보다도 '가수'를 존중하고 배려하는 싸이의 작은 아버지를 통해 그 자리에 모였던 동료 가수 선후배들이 즐거운 기억만 갖고 돌아갔다는 이야기였다.

사실 싸이는 작곡가로 시작했다. 그래서 자기가 만든 노래를 가수들에게 주려고 했는데 번번이 뜻을 이루지 못하다가 아예 자기가 직접 노래를 부르기로 나섰다는 게 싸이의 데뷔 동기다. 싸이는 가수들과의 만남을 가지며 자신도 가수의 삶을 시작했다는 것을 알 수 있다.

여기서 눈여겨볼 부분은 싸이가 가요계에 들어오는 방법인데, 당시만 하더라도 현재 분위기와는 비교가 안 될 정도로 가수 선후배 간 군기가 엄격하던 시대였다. 그런 틈을 통해 싸이가 가수 분야로 진입하며 자기만의 영역을 만들고 선배 가수들과 친하게 지내는 데 성공했다는 것은 싸이의 대인관계 유지가 뛰어났다는 걸 의미하기도 한다.

싸이의 이야기를 꺼내며 시작한 가수 조정현과의 대화는 앞으로 시간이 얼마나 흐를지 몰랐다. 서울의 어느 날 밤에 시작된 가수 조정현과의 이야기는 근처 라면 전문집으로 자리를 옮긴 후에도 계속 이어졌다.

싸이는 양현석을 만나고 YG에 들어가기 전까지 모든 상황이 좋지만은 않았다. 예전에 대마초 흡연 사건으로 안 좋은 기억이 있었고, 다시 활발히 활동하는가 싶더니 병역특례요원으로 군복무 대체 근무를 성실히 이행하지 않았다는 뉴스가 전해지며 또 다시 대중의 관심에서 멀어지는 내리막길을 겪었다.

싸이는 결국 대한민국 남자들로서 경험하기 어려운 '군번 두 개 받는 남자'가 되었는데, 연예인으로서는 자칫 단점이 될 수도 있는 요인으로 결혼한 남자라는 것과 쌍둥이 아빠라는 것까지 포함되었다. 유부남 가수, 불미스러운 마약 사건, 거기에 한국 사회에서 아킬레스건인 군 복무 문제까지 온갖 나쁜 조건을 다 달고 있는 상황이었다.

싸이의 이런 상황에서 빅뱅과 투애니원으로 대형 기획사 위치에 오른 YG엔터테인먼트의 양현석이 기꺼이 손을 내민다. 세간의 사람들이 놀라운 시선으로 본 것도 분명했다. 일부는 양현석에 대해 안 좋은 시선을 보내기도 했다.

'양현석이 왜?'

'싸이를 YG에서 왜?'

YG만의 음악 스타일을 좋아하던 사람들도 싸이가 YG에 들어온다는 소식을 들으면서 회의감을 갖곤 했다. 어떤 사람은 이제 YG는 끝이라는 이야기도 했다. 싸이의 이미지가 YG의 이미지를 깎아 먹을 것이란 경고도 서슴지 않았다. 빅뱅이나 투애니원의 성공도 영향을 받을 것이고, 팬들이 YG를 떠날 수 있을 거라는 예상도 했다. 하지만 어쨌든 싸이는 YG의 한가족이 되었다. YG를 아끼던 팬들이 충격을 받은 건 부인할 수 없었다.

그래서일까? 싸이는 YG에 들어오면서 2010년 10월 20일 5집 앨범 싸이 '파이브'를 출시한다. 비슷한 시기인 2010년 10월 29일에는 신승훈의 20주년 기념 앨범과 함께 한 '비상飛上'이란 곡을 선보였다. 그리고 2012년 5월 8일 어버이날에는 '아버지'란 곡을 내놓으며 예전과 다른 싸이의 모습, 얌전한 노래 분위기를 보였다. 하지만 대중은 여전히 싸이에게 냉랭했다. 싸이가 YG에 들어오면서 5년간 계약금 없이 YG 가족이 되기로 했다는 뉴스는 팬들의 호응을 얻지 못했다. 앞이 안 보이는 상황인 게 분명했다. 이때 양현석이 싸이에게 조언을 했다.

'싸이다운 노래를 만들어 보자.'

그렇게 출시한 싸이의 2012년 7월 15일 출시된 '싸이 6甲 Part 1'에 '강남스타일' 노래가 담겼다. 이 앨범에는 지드래곤이 피처링으로 참여한 '청개구리', 성시경이 피처링한 '뜨거운 안녕', 박정현이 피처링한 '어땠을까', 윤도현이 피처링한 '네버 세이 굿바이Never Say Goodbye', 리쌍과 김진표가 피처링한 '77학개론'이란 곡들도 함께 소개되었다. 그러나 '싸이'의 이미지를 개선시켜 주기

| 싸이의 '강남스타일'

위한 것으로 보이는, 동료와 선후배 가수들과의 피처링은 팬들로부터 별다른 반응을 이끌어내지 못했다. 그렇게 싸이의 활동이 조용한 듯 싶었다.

그러나 사건은 뜻밖의 곡에서 터졌다. 2012년 여름, 싸이답게 만든 노래 '강남스타일'의 뮤직비디오가 유튜브www.youtube.com에 소개되자마자 전 세계로 퍼지며 세계 팝시장 진출이라는 쾌거를 이루게 된다. 가장 싸이답게 만든 노래 한 곡으로 싸이가 다시 우뚝 서게 되는 대형 사건이 터진 셈이었다.

'강남스타일' 뮤직비디오는 유튜브에 YG엔터테인먼트 채널(필자 주:유튜브는 방송국 또는 연예기획사들처럼 콘텐츠를 만들어 내는 회사들과 채널 공유를 맺고 있는 곳들이 있다)에서 빅뱅의 음악을 들으러 왔던 아시아 팬들이 먼저 발견했다. 그리고 영상을 본 후 친구들에게 퍼 나르면서 급속도로 아시아에서부터 인기를 얻기 시작했다. 온라인에서 퍼져 나간 뮤직비디오는 미국에 유학 중인 아시아 학생들에게도 퍼졌고, 아시아계 미국인들에게 인기를 얻으면서 점차적으로 서양인들 속으로 파고들기 시작했다. 글로벌 가수 싸이가 탄생하는 순간이었다.

그런데 싸이의 '강남스타일' 뮤직비디오엔 양현석의 참여가 있었다는 걸 모르는 사람들이 많다. '강남스타일' 뮤직비디오 촬영이 끝나고 편집하는 과정에 양현석이 직접 참여해서 밤을 새며 편집했다는 이야기는 프로듀서로서의 양현석의 영향력을 새삼 가늠하게 해준다.

YG에 싸이를 데려온 양현석이기에 알게 모르게 속으로 부담을 가졌기 때문이었을까? 아니면 다른 아티스트들의 앨범에도 참여하는 것처럼 프로듀서로서 싸이의 뮤직비디오와 음반 작업에 참여했던 것일까? 어쨌든 양현석이 싸이를 YG에 데려온 건 '신의 한 수'였다는 걸 주위 사람들과 팬들에게 인정받게 되며 '역시 양현석'이란 인정을 받는 데 성공했다.

물론 싸이는 기본적으로 작곡 실력은 물론이고, 양현석의 이야기처럼 관객을 일으켜 세워 같이 노래를 부를 수 있게 하는 찾아보기 힘든 캐릭터를 갖춘 실력자인 게 분명하다. 그런데 장점과 재능을 갖춘 싸이임에도 그 스스로가 원하지 않은 불미스러운 사건사고를 겪으며 내리막길을 걷고 있는 걸 안타깝게 본 양현석이 기꺼이 먼저 손을 내밀어 싸이가 다시 일어서는데 도움을 보탰다는 사실은 프로듀서로서의 능력과 관점이 탁월하다는 사실을 입증한다.

양현석은 그래도 오히려 싸이에게 고마운 점을 말한다. 2007년경 세븐을 미국 시장에 진출시키기 위해 노력하던 때와 분위기가 일순간에 달라졌다는 이야기였다. 싸이의 성공으로 미국 시장에 YG엔터테인먼트의 이름이 알려지게 되었고, 이를 통해 미국 내에 유명한 레코드회사 관계자들이나 기획자들이 먼저 연락을 취해온다는 사실이었다. 세븐을 미국에 진출시킬 때와 분위기가 상반되게 달라졌다는 말이었다.

"싸이야, 서두르지 말자."

그래서 양현석은 싸이가 꺼낸 이야기를 말하며 '다음 무대'를 얘기하곤 한다. 음반 출시 준비가 다 끝나고 날짜만 정하면 되더라도 서두르지 말고 조금 더 차분하게, 조금 더 잘 준비해서 내도록 이야기 중이다.

왜 그럴까? 양현석에게 싸이가 말하길 기존 자신의 히트곡 '챔

피언' 인기를 누르는데 '강남스타일'이 나오면서 10년이 걸렸다고 하며 '젠틀맨'에 대한 대중의 반응에 대해 이야기를 나눴다고 한다. 대중이 빨리 보고 싶다고 하기에 성급하게 서두른 감이 없지 않다고 고백하는 양현석이다. 그러나 이제부턴 YG 스타일대로, 싸이답게 제대로 된 음반을 선보일 때까지 차분하게 기다릴 예정이라고 밝힌다. 대중이 원한다고 해서 음반을 내는 게 아니라 싸이다운 색깔을 충분히 담아서 선보이겠다는 말과 같다. 대중이 보고 판단할 때 '역시 싸이'라는 평가를 듣도록 한다는 이야기다.

한편으론, K팝스타를 통해 시청자들의 사랑을 받는 양현석의 모습과 글로벌 무대에서 당당하게 이름을 올린 실력파 프로듀서 양현석의 이미지가 비슷하면서도 어딘지 다르게 보일 때가 있다.

이런 경우다. K팝 심사위원으로 출연을 결정하면서 '독설가가 되겠다'고 말하던 것과 다르게 양현석은 그 본래의 따뜻함을 감추지 못하고 말았다. 싸이에게 다가가 손을 내밀었듯이 가수가 되려는 꿈 하나로 오디션 무대에 오르는 지망생들을 향한 양현석의 심사평은 독설가 대신에 오히려 따뜻한 조언으로 전해지는 중이다.

2013년 2월 10일 SBS '일요일이 좋다'에서 방송된 '서바이벌 오디션 K팝스타 시즌2 배틀 오디션'에서 무대에 오른 신지훈에게 양현석은 응원의 말을 꺼냈다.

"꿈을 위해 날아오르는 오리처럼 멋진 무대 기대하겠습니다.
오리가 아니라 거위죠? 거위?"

양현석 스스로 말해 놓고 곧바로 바로 잡는 모습이 시청자들과
신지훈, 제작진들에게 전해졌다. 긴장된 무대에 올라선 나이 어린
신지훈에게 전하는 긴장 풀기용 농담이었을까? 심사위원도 때로
는 실수를 한다는 표현, 그러니까 실수할 걱정하지 말고 자기 색
깔대로 불러달라는 표현이었을 것이다.

2013년 1월 27일 방송에서는 '방예담'의 무대를 보면서 "이렇
게 혀를 찌를 수 있나?"라고 말하는 양현석이다. 이를 들은 보아
가 곁에서 허를 찌른다고 하는 거 아닌지 물었더니 "내가 혀가 짧
아서 그런 건데?"라며 대꾸한다.

양현석 스타일의 심사평과 오디션 참가자들의 무대를 향한 이
야기가 때로는 양현석의 마음을 나타내기도 하고, 누구보다도 따
뜻한 애정을 갖고 있는 프로듀서의 마음을 담기도 한다. 박진영이
나 다른 심사위원들이 심사평으로 독설을 해준다면 양현석은 오
히려 따뜻한 위로의 조언을 아끼지 않았다. 긴장한 참가자를 위해
양현석이 직접 첫 음정을 찾아주기도 했다.

이와 같은 양현석의 조언은 때로 심사위원들 역시 참가자들처

럼 대중들에게 평가를 받는 가수들이란 점을 확인시켜 주곤 한다. 자기 실력을 제대로 발휘하려면 무엇보다도 무대에서 떨지 말아야 하는데 참가자들에게 긴장을 풀라는 말 대신 스스로 마음의 안정을 찾을 수 있도록 자신감을 갖게 해주기 위함이지 않은가?

2012년 12월 2일 방송이었다. 박진영의 노래 '너뿐이야'를 부른 하민성에게 양현석은 말해주기를 "원곡보다 훨씬 좋았다. 정말 좋았다.", "You are pretty good!"이란 심사평을 건넸다.

물론 양현석의 모습은 TV 방송용 이미지만은 아니다. 1998년 양군기획으로 재도전을 시작할 당시에 소속 가수 '지누션'이 4년 동안이나 음반을 내놓지 않고 있을 때도 아무 소리를 하지 않고 기다려 줬던 양현석이다. YG 소속 '원타임'은 4년 계약 기간이 끝날 무렵 다른 기획사에서 제시한 엄청난 계약금의 전속 제안을 뿌리치고 YG에 남았다. 양현석의 말과 행동이 방송과 다르지 않음을 확인하는 사실들이다.

06 잘되는 사람에겐 박수,
힘든 사람에겐 앞에서 리드

양현석은 잘될 때는 숨어서 박수를 보내주고 힘들 땐 앞에 서서 리드한다. 그게 자신의 역할이라고 여긴다.

YG의 대표 그룹인 빅뱅과 재계약할 시기였다. 글로벌 투어를 하려면 아티스트들과의 남은 기간이 중요했다. 그래서 빅뱅과 충분히 협의를 거쳐 그들의 의견을 수렴하여 계약기간을 연장했다. 모든 조건을 다 받아들였다. 그런데 계약 후 한두 달 만에 사고가 터졌다. 그것도 운명이라고 생각했다.

어려울 땐 피하는 게 아니라고 생각하며 복귀 무대를 서둘렀다. 대성과 지드래곤은 마음을 추스를 준비조차 안 된 상황이었지만 양현석이 밀어붙였다. 힘든 상황에 처한 사람들을 그대로 두면 안 될 것 같다는 이야기였다. 양현석은 그들이 가장 좋아하는 무대에 서서 그들 스스로 힘든 상황을 이겨낼 수 있도록 도왔다.

빅뱅의 멤버들이 생각하는 양현석은 그래서 제작자와 가수도 아니고, 스승과 제자 사이도 아니다. 빅뱅이 생각하는 양현석은 '진짜 좋은 파트너'이면서 '인생의 길목에서 영향력을 준 은인'이라고 여긴다. 양현석이 빅뱅에게 해준 말은 '너희들이 나와서 하고 싶은 거 해'가 전부였다. 빅뱅은 그래서 앞으로도 양현석과 헤어지지 못할 것 같은 느낌이 있는데, 미운 정 고운 정 다 들었기 때문 같다고 말한다.

지드래곤은 양현석의 'before & after'가 있다면 그건 결혼 시점으로 구분된다고 말했다. 사실 지드래곤의 기억엔 양현석이 빅뱅 앞에서 웃음을 보인 적도 없고, 상냥한 적도 없었다. 오로지 양현석이 한 말은 '열심히 안 하면' 누구처럼 된다는 말뿐이었다.

심지어 남들 앞에서 최대한 창피함을 주는 게 양현석의 특기였다고 했다. 그게 교육 방식이었는지 모르지만 연습생에게 '너는 우리 회사에 ○○○이야.'라는 독설도 들은 적이 있다고 덧붙였다. 양현석이 소속 아티스트들을 교육시킬 때는 심한 말을 먼저 던져서 그들이 속으로 '두고 봐!' 하는 반감을 갖고 연습하도록 의도한 것이었다는 사실은 나중에 알게 되었다고 했다.

지드래곤과 빅뱅은 연습생 시절부터 양현석에게 특히 욕을 많이 먹은 그룹이었다. 음악에 대해서 욕을 먹는 것보다도 비주얼이 좋지 않아서 욕을 먹는 경우가 많았다는 게 문제였지만 말이다. 그런데 지드래곤은 오히려 그 정도는 상처가 아니었으며 진짜 큰 충격은 양현석이 빅뱅 멤버를 알려주던 날이었다.

"너희는 아이돌이라고 하긴 쫌 그런데 아이돌로 나올 거야."

양현석은 빅뱅의 멤버로 지드래곤, 태양, 승리, 탑, 대성을 구성했다. 하지만 지드래곤에게는 도저히 이해할 수 없는 충격적인 순간이었다. 그도 그럴 것이 태양과 지드래곤은 YG에 들어온 이후로도 7년 가까이 연습하였기에 빅뱅 멤버는 당연히 두 명만으로 나올 줄 알았던 시기였다. 그런데 양현석이 갑자기 다른 멤버 3명을 추가로 말했으니 그보다 더한 충격이 없었다고 고백했다. 지드래곤은 당시에 속으로 이런 생각을 했다.

'대성이? 네가 왜 우리랑?'

'탑? 왜 우리랑?'

'승리? 왜 우리랑?'

때로는 상식을 깨는 아이디어로 일하는 양현석, 그런 양현석 스타일의 교육법은 달랐다.

아티스트들에게는 앞에서 칭찬하지 않고 더욱 혹독한 말로 교육시키지만 정작 양현석은 밖에 나가선 빅뱅을 칭찬하기에 바빴다. 다른 사람들에겐 "빅뱅이 내가 만든 애들이야!"라고 칭찬만 하고 다녔는데 빅뱅 멤버들은 나중에야 그 이야기가 돌고 돌아서 귀에 들어오고 나서야 사실을 알게 되었다.

이와 같이 아티스트들의 앞에선 엄격하지만 뒤에선 칭찬을 하고 다니는 양현석이 아티스트를 대하는 태도에 대해선 싸이가 말하는 기억도 있다.

"쟨 뭐냐?"

2001년 대표 히트 상품을 꼽자면 엽기토끼와 '싸이' 자신이라고 말하는 싸이는 2001년 음악 방송에 출연하면서 1위를 놓고 지누션과 다투고 있었다. 당시 싸이는 '새'란 곡을 불렀고, 지누션은 'A-yo'란 노래를 불렀던 시기였다. 결국, 그날 싸이는 우승 트로피를 받고 무대 아래로 내려오면서 양현석과 시선이 마주쳤다. 이때 양현석이 YG의 매니저들을 다 모이라고 큰 소리로 불렀다는 걸 싸이는 지금도 기억하고 있다.

그 후 2010년에 YG에 합류한 싸이는 '강남스타일' 노래가 전 세계적으로 성공을 시작한 2012년 연말 무렵 SBS 힐링캠프에 출연하게 되었다. 싸이는 방송 출연을 앞두고 양현석에게 방송에서 양현석의 실체에 대해 이야기를 좀 하겠다고 엄포를 놓았다. 그러자 양현석은 싸이에게 '그럼 지난 1년간 내가 쌓아온 천사 이미지가 한방에 날아가. 내가 너한테 더 잘할게.'라는 문자를 보내왔다고 밝히면서 웃음을 준다. YG에서 소속 아티스트들과 격의 없이 지내는 양현석의 모습을 알려주는 일화다.

잘되는 사람에겐 뒤에서 박수, 힘든 사람에겐 앞에서 리드, 양현석의 첫인상에 대한 지드래곤의 기억을 들으면 보다 더 정확하게 양현석의 스타일에 대해 이해할 수 있다.

가령, 1992년 1월 1일이었다. 다섯 살 지드래곤권지용은 '뽀뽀뽀'라는 어린이 프로그램에 출연하는 등 방송 활동을 시작한 상태였다. 당시에 최고 인기를 누리던 '룰라' 그룹의 어린이 룰라 멤버가 되어 활동하면서 사람들에게 많이 알려져 있었다.

그 후 꼬마 권지용은 엄마 손을 잡고 스키장에 갔다가 춤으로 장기자랑을 하게 되었는데, 이 모습을 본 SM의 이수만 대표가 연락을 해 왔다. 그리하여 권지용은 SM에 한 달에 한 번이나 몇 달에 한 번 정도씩 들려가며 5년가량 어린이 연습생 생활을 하게 되었다. 그러던 어느 날 친구가 들려준 흑인 음악 힙합의 매력에 빠지면서 2001년 대한민국 힙합 플렉스에 13세 가장 어린 나이로 참여하게 되었는데 이때 양현석의 눈에 띄게 되었다.

조금 더 구체적으로 보자면, 래퍼로 참여한 권지용을 이희승 프로듀서가 발견하고 랩을 해보라고 시키자 권지용이 공책을 펼치며 랩 가사를 뒤적거려 그중에 맘에 드는 곡을 부르기 시작했다. 이 모습을 본 이희승 프로듀서에 의해 당시 최연소 래퍼로서 내 나이 열세 살 'My age is thirteen' 곡으로 '2001 대한민국' 앨범에 참여하게 되었고, 곧이어 양현석에게 소개된 것이다.

며칠 후에 지드래곤이 엄마와 함께 양현석을 만나는 자리가 있었다. 엄마가 잠시 자리를 비운 사이 지드래곤과 양현석 둘만 남게 되었다. 이때 양현석은 지드래곤에게 엄마한테 가수가 되고 싶다는 말을 하라고 시켰다고 한다. 지드래곤은 양현석의 적극적인 섭외 요청에 의해 집에 가서 엄마에게 YG에서 가수하고 싶다고 졸랐다. 결국, YG에 연습생으로 들어가 6년가량 준비한 후에 2009년 19세 나이로 데뷔하게 되었다.

양현석이 될 성싶은 인재를 한눈에 알아보고 YG로 받아들이고자 하는 아티스트에 대한 욕심이 드러나는 일화이면서도, 아티스트가 제대로 준비가 갖춰지기 전까진 조금도 서두르진 않는다는 걸 보여주는 이야기다.

양현석 스타일은 지드래곤에게만 적용되는 건 아니었다. 2001년 3월에 빅뱅 연습생 생활을 시작한 '태양'도 마찬가지였으며

2005년 3월에 YG 연습생 생활을 시작한 공민지 역시 포함된다. YG 연습생의 평균 기간은 4년이다.

그리고 여기서 빅뱅의 '태양'이 YG 연습생으로 들어가게 된 계기를 통해 양현석의 캐스팅 스타일을 살펴보자. 씨엘도 그랬고, 박봄도 그랬듯이 양현석은 '직접 찾아오는 사람'을 받아들인다.

태양이 양현석을 처음 만난 자리는 2001년 지누션의 '에이요 A-yo' 뮤직비디오 촬영장에서다. 당시엔 일찌감치 YG에 들어온 지드래곤과 함께 어린 '진우'와 어린 '션' 역할을 맡으며 촬영을 하기 위해서였는데, 성격이 활발했던 태양본명:동영배은 양현석에게 YG에 들어가고 싶다고 말했고 양현석은 이 말에 농담 삼아 "네가 그냥 찾아와라."라고 한 게 계기가 되었다.

그로부터 한 달 뒤, 태양은 YG엔터테인먼트에 와서 곧장 양현석 대표실로 가서 말했다.

"한 달이나 지나도록 연락이 없기에 찾아왔어요."

결국, 태양은 YG 연습생이 되었다. 지드래곤과 태양이 미래의 빅뱅 멤버를 꿈꾸며 친구 겸 경쟁자가 되는 시작점이었다.

이처럼 알게 모르게 또는 우연한 기회에 양현석과의 만남에 성공하며 YG 연습생이 된 사람들일지라도 나중에 그들이 데뷔 한 후에 이야기를 들어보면 그들 나름의 고민을 알게 된다. 그리고 이를 통해 양현석이 의도했던 건 아티스트들이 데뷔 전에 충분한 '절박함'을 가지라는 것이었다는 것, 데뷔 무대를 벼르고 벼려서 맘껏 실력 발휘하며 즐기라는 극대 효과를 원했다는 것도 알게 된다.

> 태양 : 아무래도 연습생 시절이 힘들었죠. 저랑 지용이 같은 경우는 굉장히 길었는데요.
>
> 대성 : 연습생 때 제일 힘든 건 아무래도 미래가 불확실하기 때문이에요.
>
> 지드래곤 : 하루하루가 뭐 어떻게 될지 모르니까 외줄 타는 느낌이었죠.

빅뱅의 멤버들이 털어놓는 연습생 시절의 절박함이다. 그럼 투애니원은 어땠을까?

> 씨엘 : 2년 반에서 3년 정도
>
> 민지 : 4~5년 정도? 초등학교 6학년 때 시작해서, 청소하고 정수기 물도 갈고. 제 별명이 묵은지에요. 연습생된 지 오래되었다고 해서.
>
> 박봄 : 말로 표현할 수는 없고.
>
> 산다라박 : 데뷔할 수 있을까? 그게 가장 큰 고민이었고.

꿈에 그리던 YG 연습생이 되었지만 데뷔 무대는 언제 올지 막연한 상황이었다. 하지만 양현석의 약속은 반드시 찾아왔다. YG를 대표하는 그룹으로 성공한 빅뱅과 투애니원은 각각 2006년 8월 19일과 2009년 5월 17일 데뷔하게 되었다. YG에서 이들에게 더 큰 날개를 달아주며 그동안 고생했으니 이제부턴 무대 위에서 맘껏 즐기라고 방목한 시점이다.

이제 어느 정도 답이 나왔지 않은가? 양현석 스타일이 궁금하다면, 그리고 YG에 가족이 되고 싶다면? 맞다. 지금 당장 YG로 가서 양현석을 만나는 게 중요하다. 씨엘처럼, 박봄처럼, 태양처럼 제2의 빅뱅과 제2의 투애니원이 바로 이 글을 읽은 당신이 될 수 있다. YG에 연습생으로 들어가서 어느 날 스타가 된 당신이 이 글을 기억한다면 그것만으로도 이 책을 읽은 당신의 시간은 충분히 가치가 있다.

끝으로 이야기를 마치기 전에, 마지막으로 빅뱅의 지드래곤이 털어놓은 양현석 스타일의 '방치'식 교육에 대한 일화를 기억해보자.

지드래곤이 YG에 들어왔지만 양현석은 지드래곤만을 위한 특별 대우가 없었다. 엄마가 자리를 비운 사이 지드래곤에게 '엄마를 조르라'고 했던 양현석이라기엔 어딘가 지드래곤이 너무 섭섭

했을 수 있는 부분이다.

심지어 YG에서 제일 어렸던 지드래곤이기에 '게스트'나 '대타' 역할이 많은 것도 그 당시 지드래곤에겐 불만이었다. 세븐의 콘서트에 휘성이 게스트로 나갈 상황이었는데 휘성이 스케줄 때문에 빠지고 지드래곤이 대신 나갔던 경우 등을 말한다. 문제는 차량 지원도 없었고, 매니저나 스타일리스트도 없었다는 점이다. 모든 걸 혼자 해야 했다.

지드래곤은 어느 날엔 잠실역에서 만나기로 한 매니저를 태양과 함께 온종일 기다렸던 기억도 이야기했다. 콘서트에 대타로 투입하기로 되었던 지드래곤과 태양이 커다란 옷가방을 들고 잠실역에서 기다리는데 아침 11시까지 오기로 했던 매니저가 저녁 6시까지도 안 왔다. 결국, 막차 시간까지 기다리다가 그냥 돌아갔다고 했다. 현재의 빅뱅과 지드래곤을 떠올리면 상상하기 어려운 대목이다. 도대체 매니저는 무슨 생각으로 그랬을까? 양현석에게 매니저가 혼나지 않았을까? 아니었다.

다음 날 회사에서 매니저에게 전날 스케줄을 확인한 지드래곤과 태양은 매니저로부터 '깜빡했다'는 대답을 들은 게 전부였다. 매니저 연락처도 모르고, 매니저들이 '어디서 언제 기다려라!'라고 하면 그 자리에서 기다려야 했던 시기의 일이다. 매니저들의 대답에 어린 태양과 어린 지드래곤은 따지지도 못했다. 단지 그들이 대답할 수 있었던 건 '아, 그랬구나!' 뿐이었다.

그리고 양현석은 자신이 그래왔던 것처럼 YG엔터테인먼트 아티스트들을 대할 때도 철저하게 '방치'를 통해 가르친다. 소속 가수들을 가르치려 들지 않고 힌트만 주길 원한다. 사실 아티스트들을 앉혀 놓고 꼼꼼히 가르친다고 해서 그들이 가르치는 사람 위치에 오르는 건 아니라고 여긴다.

가령, 지드래곤을 가리켜 양현석은 자신보다 뛰어난 부분이 훨씬 많다고 말하면서 지드래곤에게 양현석이란 그저 인생 경험이 많은 형이나 선배로서 사회생활에서 지켜야 할 일이 무엇인지 알려주는 역할뿐임을 자처한다. 양현석은 그 이유로 자신이 직접 가수가 되기보다는 좋은 가수를 키워낼 수 있는 데 재능이 있다는 걸 알았기 때문이라고 말한다. 1998년에 솔로 데뷔 앨범을 낸 이유도 양현석이 가졌던 아쉬움을 달래보는 차원이었을 뿐이라고 고백하듯이 말이다.

양현석은 지금까지 자신이 살아온 삶의 경험을 통해 아티스트들을 대하고 있음을 감추지도 않았다.

서울의 인사동에서 3형제 중 둘째로 살았던 양현석은 부모님이 아침 일찍 나가서 밤 늦은 시각에 귀가할 때까지 집에 있어야 했는데, 오히려 그 시간 동안 밥과 반찬도 직접 해 먹어 보고 나중에 설거지도 하고, 연탄도 갈아 보면서 모든 걸 하나씩 스스로 해결해야만 했다.

물론 부모님의 마음을 아프게 할 무단가출이란 건 한 번도 안 했고, 그때 표현으로 '날라리'이긴 했지만 문제아는 아니었다고 자신 있게 말한다. 양현석은 자신의 경험에서 배운 것처럼 교육을 시킬 때는 방치해두되 그렇다고 해서 넘어선 안 되는 제한선이 있다고 말한다.

양현석 스타일의 YG 운영은 이처럼 철저하게 '때'를 기다린다. 2013년엔 싸이, 지드래곤, 악동뮤지션의 활동이 두드러졌는데, 양현석은 당시에 투애니원이나 빅뱅의 활동이 다소 주춤한 것에 대해 '벼를 거뒀는데 출하를 하지 못한 느낌'이라며, '쌀을 만들까, 떡을 만들까' 고민 중이라는 이야기로 표현했다.

벼를 심으면 바로 쌀을 수확하는 게 아니듯이 YG에서는 연습생으로 씨앗이 들어오면 스스로 싹을 틔우고 자라나기까지 기다린다. 그 씨앗이 스스로 자라나며 새싹을 지나 어린 채소를 거쳐 제대로 성장하기까지 YG에서는 그 씨앗에게 물을 주고 적당한 빛을 쪼여주면서 기다린다. 그렇게 씨앗이 다 자라나서 열매를 맺게 되면 그다음에 방송 데뷔를 열어주며 벼를 수확하고, 열매를 거두기 시작한다.

하지만 양현석은 씨앗을 돌보더라도 그대로 두지 않는다. 씨앗이 제대로 성장할 수 있도록 따끔한 질책을 서슴지 않는다.

YG 소속 강승윤에게도 양현석은 그의 노래를 듣자마자 평가를 해주면서 YG에 프로듀서가 10명쯤 있는데 이런 식으로 곡을 써서 앨범 만들면 일주일 안에 만들 수 있을 것 같고, 작곡은 누구나 할 수 있지만 얼마나 잘하느냐가 중요하다고 지적했다. 또한, 남태현의 솔로곡 '이 밤TONIGHT'에 대해서도 가사가 특별하진 않으며 표현 방법을 너만의 가사로 하는 게 중요하다고 충고하기를 마다하지 않았다.

YG 소속 연습생들이 양현석과의 대화에서 그들의 기분을 이야기할 때 "좋다.", "여유도 생기고 마음도 편안해졌다."라는 이야기를 하더라도 양현석은 오히려 그들의 생각을 반박한다. 양현석은 그들의 생각과 반대라고 말하며 불안하다고 말한다. 양현석은 그렇게 '절실함'을 강조한다.

농부가 논에 벼를 심을 때 벼 스스로 자라기를 바라지 못하는 것과 같다. 벼 입장에서도 마찬가지다. 논에 뿌려졌으니 이제 열매를 거둘 수 있다고 말하지 못하는 이유다. 농부와 논, 벼가 앞으로 닥칠 병충해와 날씨를 보며 장마철을 대비해야 하고, 추위와

더위를 견뎌 이겨내야 할 순간이 오기 때문이다. 벼 입장에선 목숨을 걸고 살아남아야 하는 시간들이다. 농부 입장에선 벼가 자라는 걸 지켜보다가 제때에 돌봐줄 손길을 줘야할 일이 있다.

YG 소속의 B.I가 밤샘 연습 후 사무실에서 자는 모습을 본 양현석은 다른 연습생들에게도 B.I는 데뷔가 언제인지도 모르면서 저렇게 절실한데, 데뷔를 눈앞에 두고 있는 사람들은 훨씬 더 절실해야 한다고 강조한다. YG라는 브랜드 파워가 성공을 보장하는 게 아니라는 말도 덧붙인다.

"너희들이 성공한다는 건 너희가 있는 곳이 YG라서 무조건 할 수 있는 게 아냐. 그것은 바늘구멍에 들어가기보다 힘든 일이야. 수십 수백 팀과 경쟁해서 존재감을 나타내려면 다른 무언가가 있어야 하고, 다른 그룹들보다 뛰어난 무언가가 있어야 해. 스스로 잘한다고 생각하는 순간 그 사람은 끝나는 거야."

양현석이 YG 연습생들에게 해주는 말이다. 중학교 시절 춤을 배우고 싶어서 114 상담원에게 전화를 걸어 물어봤던 양현석이 스스로의 열정을 기억하기에, 친동생의 세뱃돈을 빌려 춤을 배우던 상황의 절박함을 기억하는 양현석이기에 그렇다. 잘사는 친구가 추던 로봇 춤을 보고 충격받은 후 곧바로 배우고자 다가갔던 양현석이고, 같이 춤을 추던 동료가 TV에 출연하는 걸 보고 당장 회사를 그만두고 댄스팀에 합류했던 양현석이다.

자신이 절박하기에 춤에 모든 걸 걸었던 열정이 있었고, 춤을 잘 추고 싶었기에 스승을 찾아 나섰던 양현석이다. 자기보다 잘 살던 친구와 경쟁하며 춤 하나만큼은 지지 않을 자신이 있었기에, 같이 춤을 배우던 친구보다 춤 하나만큼은 이길 자신이 있었기에 양현석이 자신의 무대에 머물러 결국 현재에 이르게 된 걸 누구보다도 잘 알기 때문이다.

YG에 들어왔고, 다른 가수 지망생들이 부러워하는 YG 연습생이 되었다는 것 하나만으로 데뷔가 보장되고, 성공과 스타의 위치가 보장되었다고 착각할 수 있는 연습생들을 위한 양현석만의 교육이기도 하다. 서태지와 아이들 시절을 통해 스타의 자리가 결코 편안함과 인기를 누리는 자리가 아님을 누구보다 잘 알기에 YG 연습생들과 아티스트들에게 직접 몸으로 교육을 보여주는 양현석이라서 그렇다.

04

에필로그

그런 것까지 해야 해?

양현석은 여자친구를 사귀면서도 10년 동안 비공개로 사귀고 결혼을 할 만큼 자신을 외부로 드러내기 원하는 사람이 아니다. 그래서 아내 이은주를 3년 동안 짝사랑하면서 지켜보기만 했고, 전화로 고백할 때도 긴장하고 망설였던 남자, 하지만 돌잔치나 결혼식은 하지 않았다. 외부로 보여주기 위한 일에는 가치의 유무를 따져 선택한다.

사람들은 양현석을 가리켜 '방치형 CEO'라고 부른다. 소속 아티스트들을 그들이 하고 싶은 대로 지켜보며 재능을 보호해 준다는 평가다. 그러나 한 번 더 생각하면 YG엔터테인먼트 소속 아티스트들의 방송 출연, 섭외 스케줄은 매니저들이 보고서를 올리면 양현석이 모두 통제하고 선택한다. 양현석은 스타들을 방치하고 지켜보는 CEO가 아니라 자신의 역할을 철저하게 분리, 선택하고 집중하는 경영자다.

양현석은 부동산 투자가다

서태지와 아이들 해체 이후, 홍대 모 빌딩 지하에 차린 '현기획'이 '양군기획'을 거쳐 현재의 'YG엔터테인먼트'로 성장하기까지 양현석은 근처 부동산 중개업소를 다니며 부동산 투자에 대해 배웠다.

그 기간이 8년, 양현석은 한 번 결정한 일에는 '오기'로 달라붙는 근성 있는 사람이다. 신인 가수를 영입할 때도 그의 단점을 보기보다는 남들이 못 보는 그 사람의 장점을 찾아내려고 한다. 양현석은 사람을 만날 때 그를 오래 두고 본다. 부동산 투자하듯 서두르지 않으며 그 사람의 숨은 가치를 찾아내어 때가 되었을 때 적극 투자한다.

양현석은 작곡가다

서태지와 아이들 이후, 1996년 해체 소식을 알리는 자리에서 펑펑 울던 양현석은 춤만 추던 그동안의 생활을 정리한 후 작곡을 배우며 직접 작곡한 '가솔린'으로 가요 차트에 오르고, 후속곡 '말해줘'로 대히트까지 이룬다.

그러나 자신이 무대에 서기보다는 지누션, 원타임, 세븐, 거미, 렉시, 빅뱅을 데뷔시키며 스타 제조기로서의 소질을 발견하고 집중하게 된다. 이때부터 양현석은 가수가 되기보다는 스타 발굴에 나서고 사람에 투자하는데, '강남스타일' 뮤직비디오 편집을 밤

새서 직접 했으며, 가수들의 앨범 믹싱과 프로듀싱을 직접 담당한다. 2001년 싸이를 처음 만나는데, 당시 싸이가 '새'란 노래로 1위를 차지한 모습을 보고 녹화장에서 소리를 지르며 매니저들을 집합시키기도 할 만큼 승부욕도 있다. 다시 무대에 서 보는 게 어떻겠냐는 박진영의 이야기에 억만금을 줘도 안 한다는 대답을 하는 남자다.

양현석은 사람에게 투자한다

YG엔터테인먼트 대표이사 방에 가면 태권브이 모형과 여러 피규어가 있는 걸 보게 된다. 사람들은 양현석의 독특한 취미라고 생각하지만 필자의 생각은 그렇지 않다.

세상에 존재하는 캐릭터와 피규어를 보며 양현석은 세상에 없는 스타 캐릭터들을 찾는 중이다. 사람들이 좋아하는 만화 캐릭터를 보면 저마다 특색이 있고 장점이 있는 것처럼 양현석은 장점을 갖춘 스타를 찾아내기 위해 항상 캐릭터 피규어를 옆에 두고 스타를 보는 안목을 훈련 중이다.

그래서 이 책은 다르다.

매스컴은 지금까지 양현석의 리더십에만 집중했고, 힐링캠프에선 양현석 개인에게 집중했다. 사랑 이야기와 과거 이야기는 알려질 대로 알려졌다. 이제는 양현석이 말하고 싶고 그에게 필요한 이야기가 책으로 나와야 한다. 사람들도 그들이 익히 알고 있는 양현석의 이야기의 재탕보다는 새로운 이야기를 찾는다.

가수 지망생을 포함한 모든 사람은 스타를 발굴하는 양현석의 기준이 궁금하다.

오디션 방송에 참여하는 수백만 명의 지망생들은 YG엔터테인먼트에 들어가고 싶어 한다.

양현석, 개인으로서도 자기 이야기의 반복이 중요한 게 아니라, 그가 육성하는 스타들을 알리는 게 중요하다. 대외 노출을 꺼리는 그가 오디션 방송 심사위원이 된 것도 신인 발굴을 위함이고, 외국의 유명 작곡자들과 쌓은 인맥을 통해 소속 아티스트들과 함께 외국 진출을 계획 중인 지금이야말로 본격적으로 양현석이 달리려고 하는 시대라서 그렇다.

하루 18시간을 회사에서 일할 만큼 '좋아하는 일을 즐기는' 사람으로서 '양현석 자서전'은 그를 낯간지럽게 할 뿐이고, 양현석을 바라보는 사람들의 궁금증도 아니다. 회사의 소속 아티스트들에게 칭찬도 거의 하지 않고, 스타들과 식사도 잘 하지 않는 양현석에 대해 이야기하는 이 책은 '양현석과 아티스트' 그리고 'YG엔터테인먼트와 좋은 음악'을 다뤄야 하는 이유가 있다.

이 책은, 실력파 아티스트를 고르는 양현석의 기준을 소개하며, 연예계에서 20년이 넘는 시간 동안 스캔들 없이 자기 절제와 관리에 치밀한 양현석을 통해 어떤 사람이 좋은 아티스트인지 양현석의 생각을 담고, YG엔터테인먼트에서 활동하는 아티스트들과 양현석의 만남을 이야기하며, 자신이 선택한 아티스트를 믿고 기다리는 양현석의 목표와 꿈을 담았다.

이 책의 독자들은, 음악을 즐기는 사람들과 YG엔터테인먼트 소속 아티스트들의 팬들과 수백만 명의 오디션 지원자들과 스타 지망생들이며, 양현석의 리더십이 궁금한 청소년과 직장인들이고, 자신의 꿈에 도전하며 롤모델을 찾고있는 20대 청춘들이며, 자식의 인생 앞에 리더의 역할을 보여주고 싶은 부모들이다.

| YG엔터테인먼트의 대표 양현석

음악으로 세상을 유익하게 만드는 남자

양현석 리더십

초판 1쇄 인쇄   2015년 5월 4일
초판 1쇄 발행   2015년 5월 8일

지은이 | 이영호
펴낸이 | 박정태
편집이사 | 이명수   감수교정 | 정하경
책임편집 | 조유민   편집부 | 김동서, 위가연
마케팅 | 조화묵, 이상원   온라인마케팅 | 박용대, 김찬영
경영지원 | 최윤숙

펴낸곳   Book★Star
출판등록   2006. 9. 8. 제 313-2006-000198 호
주소   파주시 파주출판문화도시 광인사길 161
              광문각 B/D 4F
전화   031) 955-8787
팩스   031) 955-3730
E-mail   kwangmk7@hanmail.net
홈페이지   www.kwangmoonkag.co.kr

ISBN   ⓒ이영호
              978-89-97383-52-8   44040
              978-89-966204-7-1   (세트)
가격   12,000원